I0153629

QUELQUES RÉFLEXIONS

SUR

LES DÉSORDRES ORGANIQUES

OCCASIONNÉS , DANS NOTRE ÉCONOMIE ,

PAR LES PEINES DE L'AME,

PAR

Dominique TROY,

De Luz en Baréges (Hautes-Pyrénées),

Docteur en médecine de l'Académie de Strasbourg, Bachelier ès-lettres de l'Académie
de Toulouse, Membre correspondant de la Société royale de Médecine
de Bordeaux, Chirurgien-Major du 44.me Régiment de ligne,
Chevalier de la Légion-d'Honneur et de l'Ordre
royal de Charles III d'Espagne.

—————

Il n'y a de véritable bonheur
que dans la paix de l'ame.

—————

MACON,

CHASSIPOLLET, IMPRIMEUR, RUE DU VIEUX-S.T-VINCENT.

—————

1841.

MONSIEUR LE MARÉCHAL,

Une vie utilement active met toujours l'homme à l'abri d'une honteuse oisiveté ; et c'est surtout en cherchant à soulager les maux de ses semblables, qu'on adoucit le plus efficacement les siens. Or, à l'imitation d'un grand nombre de mes Confrères, j'ai pensé que le plus puissant remède des maux de l'ame devait nécessairement émaner du plaisir si pur, si doux, de faire le bien. Si, pour atteindre ce but, le médecin rencontre souvent, sur la route pénible de la vie, des difficultés qui réclament de sa part l'accomplissement d'un devoir consciencieux, une volonté ferme, scientifique, et le courage du vrai philanthrope ; il est noblement récompensé du triomphe de ses constants travaux, lorsque le cœur d'un convalescent se ranime et vient quelquefois couronner les soins de l'art. Cette douce émotion est d'autant plus satisfaisante pour le médecin des armées, qu'elle le conduit toujours à mériter l'estime et la bienveillance de ses chefs.

La plus belle et la plus noble mission du médecin qui consacre ses jours au service de l'humanité, consiste à repousser, autant qu'il est en sa puissance, les efforts du génie du mal, à endormir les douleurs et calmer les peines de ces infortunés torturés par l'aiguillon septique des vives affections morales, ou que de cruelles infirmités conduisent péniblement au terme fatal de tous leurs maux.

Mon Opuscule, qui ne devrait peut-être porter pour titre que : Mes Veillées d'Hiver de 1840, se rapporte toutefois à une des questions importantes qui s'agitent dans le Monde médical. Heureux donc si cette pâle production peut obtenir l'assentiment de ces grands hommes qui brillent d'érudition, et qui, riches à l'excès de la gloire de leurs bienfaits, possèdent la science à un si haut degré, et les moyens d'enseigner l'art de conserver la santè!... J'ose également espérer que les diverses classes de la société ne trouveront dans mon Écrit que des avis salutaires; et certes, dans leur accueil, je trouverai le plus doux prix de mes soins !

Monsieur le Maréchal! cent fois, au milieu du tumulte de la guerre, vous avez été témoin de la ferme résolution et de la sagesse des médecins militaires.

Bravant tous les périls, ils savent, par leurs soins bienfaisants, adoucir l'horreur des batailles, et bien souvent encore ils arrivent à réparer les maux que le fer et le feu jettent au hasard dans les rangs de nos braves guerriers. Ils balancent ainsi, par les moyens de l'art, le pouvoir terrible de la mort!

Avant de livrer mon Mémoire à la publicité, j'ai cru devoir, Monsieur le Maréchal, le placer sous l'égide d'un de ces noms illustres que l'avenir consacre au plus noble des vétérans de la gloire française, à qui la confiance du Roi a remis la direction du Département de la Guerre et la présidence du Conseil des Ministres. Oserai-je donc, Monsieur le Maréchal, vous offrir l'hommage de ma courte dédicace, et conserver l'espoir que vous daignerez l'honorer de votre suffrage? Dans cette attente, je vous prie de croire, Monsieur le Maréchal, que l'auteur qui vous adresse cet ouvrage, guidé par la plus douce de nos impulsions naturelles, n'oubliera jamais que la reconnaissance est l'aliment le plus pur de la mémoire du cœur.

TROY, D.-M.

QUELQUES RÉFLEXIONS

SUR

LES DÉSORDRES ORGANIQUES

OCCASIONNÉS, DANS NOTRE ÉCONOMIE,

PAR LES PEINES DE L'AME.

Il n'y a peut-être pas de désordres organiques, d'altérations morales ou physiques, qui ne puissent être produits dans notre économie par les peines de l'ame. Or, rechercher les causes qui déterminent un changement du bien au mal dans les tissus de nos organes, ou qui enraient l'ensemble de leurs fonctions, c'est certainement marcher dans la meilleure voie pour arriver aux connaissances qui nous permettront d'approfondir les phénomènes qui décèlent la cause première. L'étude nous conduit à la connaissance théorique de nos devoirs, et la bonne théorie à la bonne pratique; voilà la prévoyance qui doit faire la splendeur du médecin : elle le conduira nécessairement à toucher ce que j'appelle l'arbre de la science.

C'est en méditant sur les puissances diverses, que les heureux accords d'une bonne observation

— 8 —

viennent éclairer l'homme de l'art et assurer la marche de ses investigations; c'est en se pénétrant des divers rapports de l'action, des fonctions et des nombreuses affinités des différents moteurs organiques, qu'il doit éviter l'erreur, arriver à l'unité des forces avec la matière qu'elles meuvent, et peindre ainsi l'existence ou l'harmonieuse progression de la vie.

Pour la solution de la question posée, nous devrions peut-être entrer dans certaines généralités ; nous devrions, anatomiquement parlant, donner la description de quelques principaux organes, et leur donner surtout un coloris physiologique; mais cette étude serait bien longue, et nous conduirait vraisemblablement hors du cercle réservé à un Mémoire. D'ailleurs, ce sont les désordres produits dans l'harmonie ou fonctions de nos organes par les peines de l'ame qu'il importe de classifier, et nous osons attaquer la proposition.

L'ame pourrait être définie *le principe de la vie dans les êtres vivants*. Mais comme cette définition pourrait aussi s'étendre à la vie végétative, il me paraît plus raisonnable d'adopter celle qui fait croître, mouvoir et sentir les animaux, en ajoutant toutefois, pour celle qui doit être immortelle, le brillant de la pensée et la faculté de se mouvoir par l'acte de la volonté : l'homme est le seul être doué de cette puissance.

D'après plusieurs auteurs célèbres, la vie est le résultat de trois principaux moteurs, établis par le concours harmonique et l'action mutuelle de l'organe circulatoire sur l'organe nerveux, et de celui-ci sur les instruments de la respiration et de la circulation *. D'autres la définissent *l'ensemble des fonctions qui résistent à la mort* **. Il y en a qui l'ont définie un assemblage de phénomènes qui se maintient par l'action simultanée ou successive de plusieurs fonctions. *** Dans un ouvrage portant pour titre : *Observations Physiologiques*, et que j'ai publié en 1834, j'ai dit que la vie était un rhythme normal conforme aux lois et aux dispositions de l'organisme, une force innée dans tout ce qui respire; et, en considérant la réunion et l'accord qui s'établit entre les divers appareils des êtres, j'ai fini par l'appeler *atmosphère incarnée*. Un autre attribut caractéristique de la force vitale, c'est de continuer son action, pendant un certain temps, sans impulsion nouvelle. Enfin, c'est elle qui protège l'être qu'elle anime contre les agents extérieurs qui tendent sans cesse à le détruire.

Nous nous en tiendrons à ces explications pour ce qui touche le siége de l'ame ou le principe vital, sans rechercher le lieu où gît son origine primi-

---

* Richerand.   ** Bichat.   *** Alibert.

tive. A Dieu seul appartient ce qui sera toujours pour les hommes une doctrine problématique. Pousser plus loin la force de l'intelligence humaine, serait vouloir se perdre dans le chaos de l'idéalisme, dans le vague d'une théologie mystique, ou dans un labyrinthe métaphysique.

La vie n'a rien de latent; toutes nos parties constituantes jouissent, à des degrés plus ou moins marqués, d'une force viable qu'à bon droit on nomme *sensibilité*, ou *faculté*. Avec un instrument bien acéré (une épingle), j'ai piqué tous les points de la périphérie de mon corps, et chacune de ces petites lésions m'a fait éprouver le même sentiment de malaise; la douleur était aussitôt transmise et perçue qu'elle était ressentie par l'organe lésé. Évidemment les voies communicantes ont un centre commun d'où elles partent, ou bien où elles vont aboutir : les trois cavités splanchniques paraissent être les lieux où reposent les organes de centralisation. La vie et l'ame, l'ame et la vie, appartiennent donc plus spécialement à l'action et à l'accord réciproque du centre épigastrique (action vitale du grand sympathique), aux systèmes cérébral, circulatoire et pulmonaire; et c'est de l'action combinée de leurs fonctions, que la vie est ce qu'elle est.

Pour donner un coloris véritable et frappant au mode agissant de chaque système ou appareil, viendrons-nous ici faire la part de la force efficace de

chacun d'eux? Dirons-nous que le cœur et les ar-
tères, qui en partent, portent dans toutes les parties du corps, par la voie de leurs nombreuses
ramifications, un cercle de sang, ou cette précieuse chair coulante de Bordeu? Dirons-nous que
ce fluide, parcourant une route tortueuse, pénètre
tous les tissus et tous les viscères, où il subit
différents degrés de dépuration pour mieux s'assi-
miler à notre nature, et donner à chaque molé-
cule composant notre être, le stimulant nécessaire
à leur action et les matériaux propres à renouveler la matière organisée et vivante? Dirons-nous
encore qu'en suivant une marche rétrograde ce
même fluide, ramené par un autre ordre de vaisseaux aux cavités droites de l'organe qui lui avait
donné l'impulsion de départ, ne pourrait plus être
utile à l'alimentation, ni exciter convenablement,
si toutefois il n'avait reçu des vaisseaux lympha-
tico-chileux et de tout le système absorbant, le
chyle, produit de la digestion alimentaire, la lymphe
moléculaire et autres absorptions diverses, toujours charriées par des vaisseaux lymphatiques, et
qui vont mêler leur produit au sang veineux, en
pénétrant à la hauteur de la septième vertèbre cer-
vicale, dans la sous-clavière du côté gauche, par le
moyen d'un canal commun, nommé *canal thorachique*? Dirons-nous, enfin, qu'ainsi déposé dans
l'oreillette et le ventricule droit, cavités à sang noir, il

est poussé vers le poumon, véritable manoir chimique, où le fluide éprouve des changements et des modifications si remarquables, en se mettant en contact avec l'air atmosphérique pendant l'acte de la respiration? Toutes ces circonstances sont suffisamment démontrées dans des ouvrages justement recommandables; et c'est pour être soumis à ce nouveau phénomène que la prévoyante Nature, dans son admirable disposition du corps humain, fait passer le sang veineux dans ces organes aériens, afin qu'il se sature du principe de l'air vital, qui lui transmet sa couleur vermeille et sa légèreté, sa chaleur primitive, et toutes ses autres propriétés (oxigénation). A proprement parler, l'air peut donc être regardé comme l'aliment de la vie.

Après les courtes considérations que nous venons de présenter sur le mouvement circulatoire du sang, et sur les propriétés qu'il détermine aux diverses parties et aux totalités organiques, par la nature des principes qui le constituent, il nous reste à dire un mot de l'influence exercée par l'action du système nerveux.

Le cerveau, la moelle allongée, la moelle épinière et le système ganglionaire, forment en commun le centre où toutes les impressions sont transmises et ressenties, et d'où émane l'origine première des mouvements volontaires et involontaires. Le

premier de ces organes semble exclusivement chargé
des fonctions de l'intelligence et de la pensée, et
par sa volonté, il détermine la cause productrice
de tous les phénomènes de vitalité. Les seconds,
source de tous les mouvements, tiennent dans leur
dépendance les puissances contractiles qui s'exécutent dans l'économie animale ; par leur influence
et l'action vitale de leurs nombreuses ramifications,
le cœur, les muscles de la vie intérieure, ceux de
l'appareil locomoteur, et les divers tissus qui entrent dans la composition de nos organes, reçoivent le stimulant nerveux, et, par un accord parfait de force avec le principe vivifiant du fluide
sanguin, l'influence réciproque des trois principales
puissances, la circulation, la respiration et le système nerveux, constituent dans l'homme une do-
mination autocratique, véritable foyer d'où émane
le principe de la vie. Cette force, que nous pourrions appeler *synergie organique*, tend sans cesse
à maintenir et à ramener à l'état normal les plus
profondes perturbations de l'économie.

Mais, si nous faisons la part des agents extérieurs sans nombre qui viennent frapper les divers
points de la surface de notre corps, ou l'ensemble
d'autres fonctions, nous voyons que notre existence
est sans cesse menacée de destruction ; rarement
nous arrivons au terme où pourrait nous conduire
l'accord de nos rouages organiques, sans recevoir

des atteintes qui altèrent notre physique, ou qui, frappant plus profondément, altèrent la substance de nos organes et perturbent leurs fonctions.

Si l'impulsion de ces causes n'agit qu'avec une force moindre que la résistance, alors tout reste dans l'ordre et tout continue à marcher d'après les lois prescrites par la Nature. Dans le cas contraire, où les agents vulnérants détruisent la cohésion de nos parties en outrepassant la force de leur union, alors on voit s'opérer des solutions de continuité : tantôt ce sont des parties molles ou bien des parties osseuses qui sont le siége de ces lésions ; quelquefois elles sont compliquées et atteignent tous les systèmes dans un point plus ou moins étendu : cela peut dépendre de la force, du volume et de la forme du corps mis en action.

L'art possède des moyens puissants pour ramener à la synthèse les parties divisées, et la nature non moins puissante seconde merveilleusement ses efforts. Ainsi, l'on voit tous les jours des instruments tranchants et contondants, désunir dans leur continuité des parties molles ou solides, et bientôt, par l'heureux accord de la thérapeutique, de la mécanique et de l'empire des forces vitales, leur réunion s'opérer, le plus souvent sans laisser ni traces ni difformités capables de gêner le jeu de leurs diverses fonctions.

Si, par une marche graduée, nous arrivons à des

causes plus insolites encore, nous voyons l'être toujours en proie aux nombreuses vicissitudes qui ac-
cablent l'espèce. L'instabilité des choses humaines
est tellement vacillante, que la moindre variation
atmosphérique peut, dans un temps très court, déterminer un changement notable dans la force synergique de l'organisme, comme on le voit annuellement à l'époque du renouvellement de chaque
saison, où la diversité des maladies présente des
caractères plus ou moins tranchés, et où l'action
directe de l'influence de la causalité frappe, altère
ou perturbe tel ou tel système ou appareil, tel ou
tel tissu, tel ou tel organe.

Les phénomènes météorologiques, l'habitation dans
certaines localités, les miasmes ou vapeurs méphi-
tiques qui se dégagent de certains corps à leur
état de putréfaction, ou affectés de quelque maladie contagieuse ; la réunion d'un nombre consi-
dérable de personnes, comme on le voit dans les
camps et dans les hôpitaux ; les excès de table et
l'abus des boissons alcooliques, les veilles prolongées, l'intempérance des passions et des désirs dé-
réglés, et particulièrement des désirs sensuels, etc.,
sont autant de causes premières qui, dans la
plupart des cas, donnent naissance aux nombreuses
variations des maladies qui affligent l'espèce humaine, et contre lesquelles nous ne pouvons pas
toujours, avec opportunité, triompher des désordres
provoqués.

Nous aurions dû peut-être abréger notre travail,
et ne pas donner autant d'extension aux méfaits
occasionnés sur notre être par l'action de quelques
phénomènes qui se passent dans la Nature, par l'exposé des causes mortifères qui nous environnent,
et par celles que nous provoquons journellement
en sautant par-dessus les règles hygiéniques. La
fin que nous nous proposons, et qui, du reste,
est tracée par la question qui nous occupe, va
désormais fixer notre méditation. Approfondir,
éclaircir, rendre intelligibles les désordres occasionnés dans nos organes par les peines de l'ame,
voilà la première difficulté à vaincre. Il nous restera, pour terminer ce travail, à exposer les moyens
thérapeutiques et diététiques propres à diminuer,
dissiper, ou mieux encore, si faire se peut, à prévenir les troubles ou dérangements physiques et
moraux provoqués dans notre être par les égarements de l'esprit, ou par l'impression trop fortement perçue d'une cause inattendue.

Nos passions flottantes et inquiètes nous tour-
mentent; les intérêts, les vanités, les jalousies,
sont autant de tumeurs qui gonflent au cœur des
hommes faibles. A combien de faits historiques notre
sanglante Révolution n'a-t-elle pas fourni le sujet!
Les passions violentes enfantées par la diversité des
croyances politiques jettent trop souvent la dis-
corde chez les peuples, dans les familles, et même

quelquefois chez les princes et les rois. Nous pourrions également dresser un vaste tableau qui re-
présenterait les haines ardentes et inexorables que
les diverses croyances religieuses savent créer trop
souvent.

Si, dans le cercle tropologique qu'il nous reste
à parcourir, nous parvenons à surmonter les obstacles qui naissent de certaines propositions; si,
par une diction heureuse nous pouvons asseoir,
ou du moins coopérer à poser les bases d'un point
de doctrine qui fait aujourd'hui l'occupation cons-
ciencieuse des hommes qui pratiquent et qui en-
seignent l'art et les moyens de conserver la santé;
en soumettant, dis-je, notre travail à MM. les
membres du Conseil de Santé, qui ne cessent d'en-
courager les sciences et les arts, en pratiquant la
vertu des sages, nous aurons peut-être mérité,
sinon une couronne de leur part, du moins un
signe approbatif jugeant l'intention et le vif désir
de bien faire. Cette marque ou action de bienveillance de la part de nos savants et très honorés
chefs, sera pour nous une brillante récompense.

Toutefois, nous avons hâte d'en convenir, dans
cette question si souvent embarrassante, il est d'a-
bord bien plus facile de reconnaître et de déplorer
le mal que d'en trouver le remède. Cependant, pour
peu que l'on veuille entrer dans la discussion et
le détail des mesures qu'il serait à propos de prendre

dans l'intérêt de l'humanité, et dans le but si important de remédier aux désordres organiques occasionnés par les peines de l'ame, il est de bonne logique, dis-je, pour trouver le point fixe qui doit résoudre cette difficulté, d'étudier les lois mathématiques de la physiologie. Pour atteindre ce résultat, irons-nous puiser dans les diverses méthodes curatives professées à différentes époques par les sectateurs de certaines doctrines : le *solidisme* ou l'*humorisme*, par exemple? Irons-nous, pour bien apprécier les ressources de l'art, et pour vaincre les difficultés pathogénésiques, réveiller des principes vieillis et que la saine raison n'a pas assez tôt abondonnés? Consulterons-nous, enfin, d'accord avec la plupart des gens du monde, l'éternelle objection et les vagues idées du scepticisme, la différence et la mobile opinion médicale de ses adeptes, la variété de leur doctrine, et la multiplicité de leurs obscurs systèmes? Non, certes! — La médecine est peut-être la vraie science d'observation ; elle a des préceptes inébranlables, des choses évidentes, et, s'il en est encore de probables et d'autres inconnues, c'est à l'intelligence du médecin, à son expérience, qu'il appartient d'apprécier les phénomènes pour en obtenir leur clarté ; il faut qu'il sache analyser, comparer, induire et conclure : les vérités médicales se vivifient par la conviction. Mais pour bien approfondir cette belle partie des

connaissances humaines, pour mesurer et résoudre
ses problèmes, pour évaluer ses ressources et ses
difficultés, pour en suivre la marche, comprendre
le sens des idées acquises, des idées nouvelles et
des principes qui germent; enfin, pour contribuer
soi-même avec quelques succès au progrès de la
science, il faut que le médecin attentif, l'observateur, le vrai philosophe, sache déduire des connaissances positives de l'anatomie pathologique,
le régulateur par excellence d'une bonne thérapeutique; il faut, en dernière analyse, que l'homme de
l'art ait du savoir et de l'esprit, du cœur et de
l'ame. Voilà en quoi consiste le génie du vrai
praticien; voilà le seul moyen d'arriver au point
le plus près de la vérité. Il faut, enfin, que le médecin soit le fidèle interprète de la Nature; il
saura alors l'interroger avec fruit, en s'affranchis-
sant du joug de l'opinion.

Toutes ces circonstances sont d'une impérieuse
nécessité. L'immensité de l'art et l'indispensable
utilité des détails dans les applications si étendues
et si diverses que l'on rencontre dans les divi-
sions et subdivisions pour les maladies, sont
d'une étude de rigueur. Tout ce qui a trait à la
médecine est un problème très compliqué; le cercle
des maladies est très étendu, et les groupes qu'on
établit dans ce cadre sans fin présentent une
foule de nuances, de variétés, de symptômes, de

caractères, que peut seul apprécier l'homme qui
en fait une étude spéciale et approfondie. Ces diverses connaissances mettront le médecin sur le
chemin de la vérité ; il pourra alors consulter avec
fruit les archives de la science, et rendre à ses
malades des services signalés.

Toutefois, même en possédant tous ces avantages,
en le supposant parvenu à cet apogée d'omniscience
qui caractérise le vrai mérite, il est peu de médecins, il n'en est peut-être pas à qui l'on puisse
consacrer le titre d'excellence encyclopédique ; il
est des symptômes et des caractères rapides et fu-
gaces, qui échappent aux plus clairvoyants, et
dont on ne peut toujours saisir l'indication appelée
si justement *anima curationis*, l'ame du traitement.

Les peines de l'ame ne peuvent être mieux dé-
finies que par *l'inquiétude de l'esprit*. Cet état détermine presque toujours de l'agitation, des ébran-
lements irréguliers, et des secousses qui ruinent
l'équilibre ou perturbent les fonctions organiques,
selon le plus ou le moins de durée, de l'intensité
de la cause et de l'impressionnabilité individuelle.

Les chagrins profonds, qui naissent de l'ingra-
titude de la fortune, de la perte d'un objet chéri,
des espérances déchues, des révolutions politiques,
qui amènent trop souvent la dissension des familles, même la guerre civile, sont autant de

moteurs puissants qui jettent le trouble et changent le mode de la circulation nerveuse *. Je dis changement; cette expression ne peut être prise dans toute l'acception du mot, il faut donc restreindre ici sa juste signification; ainsi, nous énoncerons mieux notre pensée, et nous lui donnerons surtout une valeur plus précise et plus naturelle, en désignant le trouble du système sensitif, par le mot altération.

C'est donc dans l'action vitale du système nerveux que réside le vrai principe de la vie; c'est de cet appareil multiple, qui se divise à l'infini, que les divers rouages de l'économie reçoivent constamment, et d'une manière continue, le stimulant propre à l'exercice de leurs fonctions.

Les vives émotions de l'esprit ou de l'ame, qui frappent l'être dans des moments imprévus, sont des images qui produisent des impressions pénibles, et qui se manifestent par la douleur, par l'affliction, l'abattement des forces, et enfin par les souffrances

---

* Par *circulation nerveuse*, il est évident que c'est de l'influx nerveux, de l'action vitale du système sensitif, que nous voulons parler. Il existe, en effet, un double courant dans cet ordre particulier de vaisseaux pleins, où le fluide impalpable ne peut être démontré. Mais il n'en résulte pas moins que ces cordons blanchâtres ont une vertu à double portée, dont l'une agit du centre à la circonférence, et produit le mouvement des organes musculaires; et l'autre de la circonférence au centre, — c'est le mouvement des sensations.

les plus complexes. Ces causes peuvent être ac-
tuelles et effectives, ou bien imaginaires, éloignées
et secondaires; dans l'un ou l'autre cas elles sont
occasionnelles, et portent leur première empreinte
sur le centre épigastrique. C'est presque toujours
dans le système ganglionaire du grand nerf sympathique que se passent d'abord les désordres que
nous avons à signaler; bientôt après naît la cohorte
d'autres affections morbifiques, et les douleurs physiques, se joignant à l'affection morale, amènent
souvent des résultats funestes.

Les personnes qui se trouvent atteintes par la
puissance des causes que nous avons déjà énu-
mérées, éprouvent un accablement qui devient
bientôt général; mais quelquefois, frappées comme
par l'exhalaison enflammée qui sort de la nue avec
éclat et violence, elles sont foudroyées; alors les
rouages humains s'arrêtent, la pâle mort altère
tous nos traits de vitalité, et son voile terreux
apparaît pour avertir que nous avons cessé d'être.

A l'appui de cette véritable assertion, je crois
devoir transcrire ici quelques observations recueillies
dans ma pratique, et dont quelques-unes se trouvent
déjà consignées dans mes *Observations Physiologiques*,
publiées à Bordeaux dans le mois de juillet de
l'annéee 1834.

Première Observation. Une dame, d'origine espagnole, douée d'une forte constitution, et qui

avait à peine atteint son quatrième lustre, vivait
dans une petite ville de l'Andalousie, située sur
une des rives fleuries du Guadalquivir. Son mari,
employé d'administration des troupes de l'île de
Léon qui, en 1819, brandirent l'étendard de la
liberté, fut depuis détenu pour délits politiques.
Il gémissait sous les verroux des noirs cachots de
M....., lorsque, le 24 du mois de mai 1825,
elle apprit tout-à-coup que son époux venait d'obtenir sa grace. Les impressions sont vives chez les
habitants du midi : la joie excessive qu'elle en
éprouva fut si grande, qu'au même instant tout
l'organisme participa à un tel surcroît d'activité,
que dans un temps très court, quelques minutes,
la circulation offrait cent cinquante pulsations. Cette
turgescence sanguine faisait craindre une congestion
cérébrale ou la rupture de quelques gros vaisseaux ; déjà ceux de la conjonctive étaient fortement injectés. Les lèvres avaient pris une teinte
violacée, et toute la face était tuméfiée, la respiration pénible, et la malade, après s'être agitée
un moment par des mouvements convulsifs, avait
perdu tout sentiment. Une saignée de vingt onces
arrêta d'abord cette agitation et la stupeur coma-
teuse ; après l'émission sanguine, le pouls n'offrait
que cent vingt pulsations, bientôt après cent, et,
à ce nombre, la malade recouvra la parole et
reprit l'usage de ses sens. Mais, comme si l'équi-

libre vital ne pouvait se rétablir à son état normal sans éprouver une compensation en moins de ce qu'il avait eu en plus, le pouls faiblit par degrés, et bientôt il fut réduit à zéro. Alors l'état de la malade devint très inquiétant; la défaillance syncopale fut complète, le visage devint pâle, les poumons cessèrent leurs fonctions, les extrémités restèrent immobiles et devinrent d'un froid glacial.

Nonobstant l'état que nous venons de décrire, la veine ouverte fut mise à découvert, mais le sang ne sortait plus. Des flanelles chauffées et imbibées d'alcool servirent à faire des frictions sur tout le corps, et principalement sur la région précordiale ; l'ammoniaque et l'éther étaient souvent présentés aux ouvertures nasales. On soûffla de l'air dans les poumons à l'aide d'une sonde flexible introduite par une des narines; on administra des lavements de tabac et autres substances irritantes. Enfin, après plus d'un quart d'heure de manœuvres, le sang coula, la chaleur et la circulation se rétablirent d'une manière assez prompte; les soins assidus et constants triomphèrent, et deux ou trois jours suffirent pour rétablir entièrement la jeune dame qui fait le sujet de cette intéressante observation.

L'entrevue des deux époux eut lieu quinze jours après cet accident. Ces deux ames, que les nœuds de l'amitié entrelaçaient par une véritable et mu-

tuelle tendresse, avaient tout mis en commun, les
plaisirs aussi bien que les douleurs inséparables
de leur existence. Mais, hélas! cette affection si
pure, ciment de la sympathie humaine, devait, en
se rapprochant, se briser sans retour. Qui eût cru
que les larmes étaient si près de la joie!... ils se
voyaient sur la terre pour la dernière fois! Déjà
la mort disputait à la vie l'âge d'or de l'épouse
adorée; les traits décomposés et le froid presque
glacial de sa figure avertirent, mais un peu tard,
qu'elle avait cessé d'être? Les secours de l'art furent
tardifs et impuissants : la mort! oui, la cruelle
mort l'avait moissonnée!..

Tout est excès dans l'amour conjugal. M... s'a-
bandonna à tous les mouvements de son cœur; il
venait de perdre le seul bien qui attachait ses pas
sur la route pénible de la vie. Le délire s'empara
de toutes ses facultés, ne lui laissant pour tout
empire qu'une idée fixe, celle de ne pas survivre long-
temps à la moitié de son ame. Le trouble du cerveau
maîtrisa la nature; — il s'élança dans un appartement voisin, et l'acier qui servait à sa toilette,
porté sur sa gorge par une main ferme et assurée,
termina la scène horrible qu'avait préparée un excès
d'amour.

La cause déterminante de la fin tragique de ces
deux victimes fut évidemment mue par le sentiment d'une trop vive impressionnabilité. La pre-

mière était due d'abord au funeste résultat d'une congestion sanguine des cavités du cœur, qui, n'ayant pu se débarrasser d'une surabondance de ce fluide nuisible à l'exercice de ses fonctions, avait paralysé instantanément ses mouvements contractiles. Peut-être aussi la joie excessive, agissant comme affection vive de l'ame, porta-t-elle son action sur le centre épigastrique, en déterminant sympathiquement la cessation des battements du cœur par l'intermède de ses nerfs qu'il reçoit en partie du grand sympathique.

Quoi qu'il en soit, l'organe encéphalique fut privé du principe vivifiant que lui apportent sans cesse ses vaisseaux artériels, et, comme l'on sait, une mort prompte est la funeste conséquence de l'interception momentanée de ce fluide.

Que dirai-je de la mort presque aussi soudaine qui succéda dans le second cas ! — Le fatal instrument avait divisé la jugulaire et l'artère carotide du côté gauche ; la trachée-artère était aussi en partie comprise dans cette section ; des flots d'un liquide vermeil et écumeux s'échappaient par torrents du tube artériel ; un fluide abondant et noirâtre coulait en nappe des vaisseaux veineux, en serpentant déjà lentement dans ce lugubre local ; dix minutes s'étaient à peine écoulées, que la victime gissait inerte et sans mouvements, et presque ensevelie dans des caillots d'un sang qui, naguère, source féconde des phénomènes organiques, tenait en équilibre le principe de la vie.

De combien d'autres semblables observations ne pourrions-nous pas appuyer les faits que nous venons de tracer!.. Les auteurs fourmillent de ces funestes citations, et la mémoire de chaque praticien en est remplie.

Deuxième Observation. Le nommé Ducroix, âgé de quarante-cinq ans, natif de Givet (Ardennes), éprouvait depuis huit jours une légère douleur vers la quatrième et la cinquième côte sternale du côté droit; cette incommodité ne l'empêcha pas de faire deux lieues à pied pour réclamer les conseils d'un médecin dont le mérite est sans reproche. Une saignée fut jugée nécessaire; elle fut pratiquée incontinent dans l'établissement que cet officier de santé dirige depuis nombre d'années. A peine la phlébotomie fut-elle faite, que le malade éprouva une faiblesse extrême; le pouls devint filiforme, et en moins de dix minutes il disparut entièrement. Le visage décoloré, la froideur et l'immobilité donnèrent de l'inquiétude; tous les moyens employés ne purent ranimer la circulation ni détruire l'inertie du cœur; le malade succomba à cet état syncopal. L'observation nécroscopique n'offrit aucune lésion organique; les cavités du cœur et les gros troncs qui en partent étaient gorgés d'un sang noirâtre; les vaisseaux céphaliques étaient légèrement injectés.

Troisième Observation. Mademoiselle Aimé , âgée de dix-huit ans, d'un tempérament nerveux et sanguin, en service chez M. Hautreux, lieutenant-colonel du 9.ᵉ régiment de chasseurs à cheval, éprouva dans l'été de 1833, le 15 juillet, des alternatives de froid et de chaud; elle ressentait depuis deux jours une douleur assez forte dans la région lombaire et dans la partie moyenne des membres; du reste, son état ne présentait rien de bien particulier, l'appareil digestif était dans un état normal.

Le 16 juillet, je fus appelé pour visiter la malade, et la trouvai comme il vient d'être dit; le pouls offrait, d'une manière régulière, soixante-dix pulsations par minute; la peau, sans augmentation de chaleur, était sèche. *Prescription:* diète, infusion légère de tilleul, chaude et sucrée; le repos du lit, afin d'amener la transpiration cutanée. Vers les quatre heures du soir, même journée, mademoiselle Aimé éprouva de nouveaux frissons; une douleur sus-orbitaire apparaît par intervalles; la face et surtout les pommettes sont colorées, les yeux brillants, et une toux sèche fatigue la malade; il y a de l'anxiété, chaleur de la peau; le pouls, dur et plein, bat quatre-vingts fois; la respiration est assez libre. — Diète; infusion de fleurs de mauve, édulcorée avec le sirop de gomme; un looch gommeux, avec sirop de diacode, 30 grammes;

pédiluves, sinapisés. Je prescris en même temps une saignée au bras, mais elle est refusée.

Le 17 au matin, persistance des symptômes de la veille; la nuit a été inquiète et agitée, un point pleurétique du côté droit rend la respiration courte et difficile; toux fréquente, augmentant la douleur fixée au côté droit de la poitrine; crachats abondants, visqueux, rouillés et sanglants; chaleur vive à la peau; pouls dur, serré, fréquent, donnant cent huit pulsations par minute. A la percussion, la poitrine rend un son mat dans toute la région où siège le point douloureux; râle crépitant à la partie inférieure du thorax; soif très vive, météorisme, constipation.—*Prescription :* saignée du bras, de seize onces; fomentations émollientes sur le point pleurétique; tisane pectorale; looch gommeux; lavement émollient (*bis*); diète. La malade ne cède qu'avec crainte et contrariété à la saignée; cependant la ligature est appliquée; mais, au moment d'exécuter la phlébotomie, la malade est prise de quelques mouvements convulsifs des extrémités thorachiques, et elle éprouve une défaillance qui se prolonge pendant dix minutes; la face devient pâle, le pouls disparaît à la pression du doigt, et la surface de son corps, surtout au cou et à la paroi antérieure de la poitrine, se couvre d'une sueur abondante et froide. Forcé de céder aux exigences de la malade et aux désirs de sa maîtresse, autant qu'à l'état syncopal qui venait d'avoir lieu, je différai l'émission sanguine que l'ensemble des symptômes inflammatoires et l'idiosyncrasie du sujet m'indiquaient devoir convenir pour assurer le succès des autres médications avec lesquelles nous nous proposions de combattre la phlegmasie pulmonaire qui menaçait la vie de notre malade.

A ma visite du soir, je fus agréablement surpris de rencontrer Mlle Aimé assise sur son lit. La journée avait été assez calme; les urines copieuses; diminution du point de côté; respiration facile; expectoration moindre; les crachats n'étaient ni rouilleux ni sanguins. — *Prescription* : tisane pectorale, looch gommeux, un lavement, diète.

Le 18, nuit calme; sommeil de six heures; une selle abondante, disparition du point pleurétique, respiration naturelle, toux rare, sans expectoration; langue humide, pouls lent; la malade éprouve de l'appétit; la résolution de la pneumonie paraît terminée; on accorde une soupe matin et soir, et on réitère la prescription de la veille.

Le 19, la malade est très bien, elle ne ressent aucune douleur; elle digère parfaitement les aliments, qui sont graduellement augmentés; la convalescence est très courte, et trois jours suffisent pour son rétablissement.

Les affections vives de l'ame, les peines, les chagrins, les contrariétés, peuvent donc, comme nous venons de le voir, agir quelquefois en ramenant à l'état normal certaines altérations organiques. Mais cette thérapeutique, due aux seuls efforts de l'organisme, ne peut être commandée; elle appartient à l'individualité, et plus souvent encore à des circonstances qui ne peuvent être calculées.

Quatrième Observation. En 1825, dans le mois de mai, plusieurs militaires du 3.ᵉ bataillon du 44.ᵉ régiment d'infanterie de ligne, revenant de l'île de Corse, sur *le Rhinocéros*, vaisseau de transport, étaient atteints d'une colite qui provoquait de fréquentes évacuations alvines de nature muqueuse, et qui donnait lieu à des douleurs assez incommodes. Presque tous, au nombre de 400, éprouvaient le malaise occasionné par le vomissement du mal de mer. Tous ceux qui ont fait quelque traversée savent combien ces angoisses sont pénibles et fatigantes. Eh bien! apparaît une tempête qui menace d'engloutir le vaisseau dans les eaux profondes de la Méditerranée, à hauteur des îles d'Hyères. Tout paraissait devoir prochainement se briser: l'équipage ne pouvait plus opérer de manœuvres; les officiers du bord ne voyaient plus aucun espoir de salut; plusieurs soldats furent enlevés par les vagues agitées et disparurent dans

les flots. Cependant la conduite hardie du capitaine et des matelots ne discontinuait pas ; tout ce
qui pouvait être fait par le bon accord, l'obéis-
sance et l'intelligence humaine ne fut pas un instant négligé ; mais les vents impétueux, l'orage et
l'agitation de l'atmosphère poursuivaient leur ra-
vage ; un sinistre paraissait imminent ; les mâts,
les cordages et tous les agrès étaient rompus ;
les marins et tous les hommes du bataillon fi-
nirent par se laisser vaincre par le malheur qui
grondait sur leur tête ; harrassés de fatigue et de
crainte, ils croyaient voir l'abîme s'entr'ouvrir pour
recevoir leur dernière heure. L'épouvantable bruit des
lames gonflées venait sans cesse heurter sur les
flancs du navire avec éclat et violence ; chaque
secousse annonçait un écueil funeste, et arrachait
à ceux qui respiraient encore des cris de douleur.
Enfin, au milieu de cette affliction générale, le
commandant du bord et quelques matelots demeurés
sur le pont, fortement incliné (car déjà l'un des
hauts bords touchait à la mer), le péril, dis-je,
ranima la force et le courage de cet intrépide et
valeureux militaire : s'adressant à tous, et particulièrement aux marins, il ordonna des manœuvres
avec lesquelles il espérait vaincre les éléments en
courroux. Le triomphe fut complet ; le bataillon
et l'équipage furent sauvés.

Apprenez aussi que sous l'influence de cette ter-

reur, toutes les évacuations alvines et anti-péris-
taltiques avaient entièrement disparu ; et, en revenant à la sécurité, chacun fut fort surpris de se
trouver affranchi des pénibles angoisses qui, quelques heures avant la tourmente furibonde, étaient
la cause fâcheuse des douleurs les plus complexes.

Que pouvons-nous déduire, que pouvons-nous
conclure de cette délitescence, ou, pour nous servir
d'une expression plus convenable, de cette sorte de
crise métastatique devenue si favorable au moment
d'une grande perplexité ?

Nous emprunterons aux connaissances physiologiques les seules lois qui peuvent nous autoriser à
établir la théorie de ce phénomène ; et quoiqu'on
ignore encore aujourd'hui la véritable voie ou la
nature des sympathies, l'observation, qui ne peut
en indiquer la cause, en détermine très bien toutes
les circonstances. Ainsi, nous savons qu'il existe
entre toutes les parties du corps vivant des rapports
intimes, des concordances d'actions et de sensations ; nous savons que les liens qui unissent tous
les organes, en établissent un merveilleux accord
et une harmonie parfaite : voilà pourquoi, lorsqu'une partie est irritée, une autre, très éloignée,
ressent cette irritation ou même se contracte. Enfin,
quoique inexplicables, les sympathies n'en jouent
pas moins un rôle important dans l'économie des
êtres vivants.

En parlant de la sensibilité organique, Hippocrate nous dit, dans ses observations, que deux parties ne peuvent pas être douloureuses en même temps. De deux douleurs qui naissent à la fois, la plus violente obscurcit la plus légère : *Duobus doloribus simul abortis, non eodem in loco, vehementior obscurat alterum.* Eh bien ! ce trait, que tous les médecins ont pu observer dans leur pratique, vient merveilleusement nous servir pour expliquer la résolution presque instantanée de la phlegmasie de la membrane muqueuse intestinale, ainsi que du calme amené dans l'ébranlement des organes gastro-diaphragmatiques, et qui donnaient lieu aux fréquentes évacuations dont étaient atteints les soldats du 3.me bataillon du 44.me de ligne. La même pensée d'action pourrait s'appliquer à l'observation dont nous avons déjà rendu compte en nous entretenant de l'affection grave qui menaça les jours d'une de nos malades, mademoiselle Aimé.

Le danger qu'avait couru ces militaires, lorsque l'agitation du vaisseau cédait à la perturbation de l'atmosphère et des lames gonflées de la Méditerranée, avait produit dans leur ame l'effet de la plus vive impression. Quelques-uns d'entre eux avaient eu assez de courage pour rester accrochés sur le pont, et être témoins du moment fatal qui

devait trancher leur existence; le plus grand nombre
s'était caché et respirait à peine au milieu des angoisses trop difficiles à décrire, et s'abandonnait,
dans l'obscurité, aux craintes de la plus triste
destinée. On conçoit que dans cet état d'irrésolu-
tion, ballottés entre la vie et la mort, leur affliction devait être grande; et l'action morbifique
occasionnée par les périls incessants de leur position, en agissant sur les principaux organes et l'ensemble du système des nerfs grands sympathiques,
dut nécessairement déterminer dans ces cordes vibrantes de l'ame un foyer de fluxion assez intense, une telle exaltation des propriétés vitales
dans ces parties, que les causes premières, ou
l'état pathologique qui existait d'abord dans les diverses portions du tube digestif, fût assoupi, ou
mieux, totalement absorbé par les lois inconnues
et les instruments cachés des phénomènes sympathiques, et, pour me servir d'une expression plus
hardie, employée par le célèbre auteur des *Nouveaux
Éléments de Physiologie*, par l'existence d'un principe
intelligent.

L'emploi des médicaments révulsifs sont d'un
grand secours en médecine, et l'homme de l'art,
le praticien instruit par une bonne et solide théorie,
par l'observation et le fruit de l'expérience, en re-
tire très souvent des succès incontestables. La Na-

ture a aussi ses triomphes et sa puissance médicatrice. Ce n'est pas moi qui viendrai faire une
guerre lasse au pouvoir d'une sage thérapeutique ;
mais reconnaître ici les réactions salutaires et synergiques de l'organisme, apprécier ses efforts lorsqu'il lutte avec avantage et se débarrasse de plus
d'un principe morbifique ou des causes de certaines
maladies physiques et organiques, voire même de
quelques affections morales, c'est avouer sans faiblesse les caractères et l'autorité des faits apparents
de la Nature, sans enlever au pouvoir de la Science
ses richesses et ses nombreux bienfaits.

En ouvrant les énormes volumes enfantés par
nos savants historiographes avant et depuis les dernières années du dix-huitième siècle ; bien convaincu
que leur description animée par des faits porte
l'empreinte et le cachet de la vérité, leur contenu,
dis-je, pourrait nous fournir matière au plus ample
corollaire retraçant les divers désordres occasionnés
dans notre économie par les vives impressions de
l'ame. Nous savons, en effet, que lorsque le triste
spectacle des dissidences d'opinions religieuses ou
politiques vient dans un état allumer le flambeau
des discordes civiles ; lorsque la marche invariable
du génie destructeur ébranle l'Europe entière ; la
paix, la prospérité et le bonheur disparaissent ; le
pays se couvre de deuil ; le sol de la patrie se sature de sang et se couvre de ruines. Combien de

têtes n'a-t-on pas vues blanchir soudainement sous l'empire de la Terreur? Ne rapporte-t-on pas, quelque part, qu'un jeune homme de vingt-cinq ans, renfermé une seule nuit dans un obscur cachot, se trouva le lendemain, jour fixé pour son supplice, tellement métamorphosé, qu'on le prit pour un vieillard décrépit et octogénaire? Je sais qu'à l'époque où tant d'illustres victimes furent immolées, d'autres gémissaient errantes, et, croyant échapper au glaive de la mort, succombaient toutes tremblantes aux longues agonies des tortures morales.

Après le 9 fructidor, plusieurs membres du Comité de salut public furent déportés par ordre de la Convention Nationale. A cette même époque, plusieurs familles menacées par le Pouvoir d'alors, s'enfuirent épouvantées sur des rives étrangères, pour des causes qu'il ne m'appartient pas de rappeler ici, car je n'ai nulle intention d'abandonner mon sujet, et si je rapporte quelques citations déjà bien connues, c'est parce qu'elles s'adaptent parfaitement à ce sujet.

L'amnistie accordée par l'arrêté des Consuls rendit la liberté à tous les déportés; plusieurs familles rentrèrent de l'exil, et rejoignirent leur pays natal. Mais si le plus grand nombre supporta avec résignation les changements qui s'étaient opérés dans sa position sociale, il y en eut qui furent frappés mortellement , soit par la douleur de la perte de leurs biens , soit par un ressentiment naturel qui leur rappelait les lieux ensanglantés où un bras de fer avait fait rouler la tête d'un père ou d'un époux.

Les extrêmes se touchent, nous dit-on : c'est par cette loi tout-à-fait opposée, qu'une joie excessive peut amener quelquefois des résultats aussi funestes qu'une douleur concentrée, qu'une sensation pénible parvenue à son apogée. Ainsi, à l'appui de l'observation dont nous avons déjà parlé à l'occasion d'une jeune dame espagnole, nous citerons celle non moins intéressante dont je vais rapporter les circonstances, sous la dictée d'un de mes amis, capitaine en activité, et qui fut, bien jeune encore, témoin de la scène la plus déplorable :

Cinquième Observation. Deux époux, accompagnés d'une demoiselle de seize ans, leur unique enfant, furent contraints, pour échapper aux tortures du fanatisme, ou des fureurs populaires de 93, de s'enfuir sur une plage étrangère, où ils vécurent oubliés dans une accablante solitude. L'espérance de revoir sa patrie soutint cette famille infortunée, et, dans cette attente si cruelle, la puissante sympathie qui l'unissait par l'amour le plus pur, lui donna assez de courage pour supporter le malheur, et vaincre les horreurs de la misère.

Enfin, lorsque l'arc-en-ciel apparut après la bourrasque révolutionnaire, et vint dissiper l'orage, plusieurs Français revinrent de l'exil, et, sous l'apparence de jours plus calmes, notre famille arriva sous le ciel azuré de la belle Occitanie. La saison printanière achevait de développer son riant tapis de verdure; le sol était émaillé de fleurs, l'air était tiède et la brise embaumée. M.... prit possession des domaines que son frère lui avait sauvés du naufrage. Il espérait jouir pendant de longues années du bonheur que devaient lui procurer ses revenus, la diversité de ses projets et l'harmonie conjugale qui existait dans toute sa pureté. Mais, hélas! l'homme le plus heureux ne l'est jamais complètement, et il y a toujours des larmes à côté de la joie. Cette félicité si complète à laquelle il allait atteindre, contraste frappant des privations et de l'inquiétude qui avaient suivi cette famille pendant son bannissement, ne tarda pas de jeter sur elle son voile sombre et ténébreux, la désolation et la mort!

A peine le soleil avait-il six fois montré son disque et franchi l'horizon, que madame M..... n'existait plus; elle avait succombé à un trouble insurrectionnel des organes contenus dans la cavité thorachique; trouble qui interrompit l'action normale du *stimulus* des rameaux nerveux fournis par les nerfs grands sympathiques, dont le cœur et les poumons ne peuvent être privés sans anéantir en totalité les mouvements indispensables à l'entretien de la vie.

Une vie errante et agitée par les peines, la tristesse et le malheur, avaient déjà ulcéré dans l'exil le cœur des deux époux, de la fille soumise qu'on nous peint brillante de beauté, et d'une constitution des plus robustes. Le retour dans leur patrie, la restitution de leur bien, due à l'intelligence d'un frère, avaient fait naître pour leur avenir un inconcevable excès de bonheur, mais qui produisit immédiatement une fièvre intérieure, qui ne manqua pas de vicier les maux déjà causés par l'affliction. La perte récente de cette compagne fidèle acheva d'abattre et d'anéantir toute possibilité de réaction salutaire de l'organisme chez l'époux et même chez la jeune fille; et, comme si leur existence ici-bas se croyait réclamée par l'ame invisible d'une mère et d'une épouse adorée, ou bien par la loi irrésistible de l'attraction et d'une même pensée, — la mort! cette noire et vieille furie, vint les frapper dans les mêmes conditions, c'est-à-dire sans offrir ni les traces ni les symptômes d'une affection caractérisée, mais en suspendant aussi les mouvements de vitalité des principaux rouages organiques. Ainsi fut vaincue la Nature au sein même de l'opulence, sans doute pour recevoir dans le ciel le prix de leur union sur la terre.

Que d'années de douleur rachetées par un semblable moment!... Les individus, les lieux, le sol, et jusqu'aux arbres sous lesquels ils avaient joué, avaient leur part d'intérêt et place dans leur mémoire. Mais, au milieu d'un bonheur et d'une félicité si parfaite, pourquoi l'homme n'a-t-il pas le pouvoir d'arrêter les caprices d'un prisme trop flatteur? Pourquoi faut-il, dis-je, que la joie et le bonheur lui empêchent de jouir, d'une manière durable et constante, des affections douces, épurées et ennoblies par l'adversité!

Incompréhensible faculté de notre être, qui nous donne quelquefois la force d'affronter toutes les craintes, de briser tous les obstacles, de supporter sans tressaillir les plus horribles mutilations et les tortures de toute espèce enfantées par les passions du fanatisme, et qui nous laisse souvent succomber, sans secours et sans guide, aux douceurs de la paix, de la félicité et du bonheur !

Si nous n'avions ici qu'un recueil d'observations à présenter, nous pourrions multiplier à l'infini de semblables citations, et grossir ainsi la forme d'un Mémoire en décrivant les phénomènes et les diverses phases dues à l'influence et à l'action prompte et directe du système nerveux. Ainsi, depuis la simple paralysie d'un membre jusqu'aux convulsions de tout le corps; depuis l'exaltation particelle des sens jusqu'à l'anesthésie générale, nous

pourrions rassembler le cadre nosologique composant la plupart des irradiations ou affections nerveuses, et les divers désordres organiques provo-
voqués par des chagrins profonds (peines de
l'ame).

Les rives de la Seine témoignent chaque jour
l'exaltation et l'aberration de quelques êtres parvenus à la force de l'âge, assez insensés pour s'engloutir dans les eaux roulantes de ce nouveau
fleuve Achéron. Dans une classe de la société, des
hommes parvenus aussi à l'époque la plus brillante
de la vie, et ne craignant pas d'avertir leur proches
ou leurs voisins de leur destruction prochaine, se
donnent la mort par des projectiles mus avec vitesse par l'explosion du salpêtre combiné avec le
charbon et le soufre. Soixante observations que
j'ai recueillies dans le cours de ma pratique sur
des sujets du sexe masculin, et presque tous militaires, prouvent d'une manière évidente que les
armes à feu leur sont plus familières; et en outre,
il est à remarquer, en général, que c'est de
l'âge de 20 à 40 ans, que les têtes en proie à
une vive impression morale sont fascinées par la
croyance ou un faux préjugé que moins de honte
s'attache à ce genre de suicide, comme si les vivants devaient, pour tout autre moyen, leur faire
entendre des ressentiments ou des plaintes plus
amères, en accusant leur volonté dernière et la
sugillation de leur ame!

Dans un age plus tendre, là où finit l'adoles-
cence, dans les beaux jours de virilité, lorsque
les cœurs commencent à parler le langage sympathique de l'amour, lorsque deux existences sentent
la nécessité et le besoin harmonique d'unir leur
destinée et de respirer le même air; enfin, à l'âge
où l'orage des passions réveille et fait éclater les
sentiments irrésistibles d'un attachement violent; à
cette époque fleurie où le printemps de la vie
se développe avec force et une activité croissante,
lorsque la prépondérance idiosyncrasique de certains organes maîtrise la saine raison; que, par
voie de sympathie, l'excitation des centres nerveux
ou de leurs annexes fait naître le délire, que peut-
on espérer de ce trouble et de cette répartition
anormale des forces et de l'action insolite des lois
de la Nature vivante? Que peut-on attendre de
cette concentration synergique dans certains systèmes ou appareils? Rien de calme, rien d'harmonique. Tout paraît bouleversé dans l'ordre des
fonctions; et, dans la confusion où cet état nous
entraîne, l'exaltation peut être poussée à son com-
ble. Rompre alors ce prestige qui domine et qui
charme, et briser la puissance qui fait braver toutes
les craintes, c'est, qu'on me pardonne cette expression, conduire souvent sur le bord du préci-
pice la vie et la mort duélisant ensemble. Le
gaz acide carbonique devient l'instrument fatal de

décomposition avec lequel deux amants, enlacés par les folles chaînes de l'amour, se donnent la mort. Communément l'on voit aussi les personnes du sexe plongées dans de profonds chagrins domestiques, préférer ce genre d'angoisses, croyant trouver un repos plus parfait et prématuré dans l'assoupissement que procure l'altération de l'air vital par le dégagement concentré et abondant du charbon en combustion. Les substances narcotiques et stupéfiantes sont encore choisies par ces dernières, comme moyen de se soustraire au tourbillon d'une vie agitée et pénible, qu'ils n'entrevoient qu'à travers un prisme armé d'un verre grossissant et multipliant leurs tortures morales et les orages du cœur.

'Les égarements de l'esprit, les passions brûlantes ne peuvent ou ne savent pas reculer devant les transports d'une imagination ardente ; aussi voit-on souvent les sentiments et la raison se briser ou finir par une catastrophe. Les passions qui germent dans les cœurs, lorsqu'elles sont dominées par une idée fixe qu'il n'est donné à personne de pouvoir analyser, se jouent de tous les obstacles, et la main de la Mort vient à des époques trop rapprochées épouvanter l'Humanité.

Enfin, à une époque plus avancée, au retour de l'âge, au moment de la décadence organique, lorsque les lois qui régissent l'économie animale

ont fourni à peu près leur carrière, que l'accroissement avec ses phases particulières est parvenu
à son apogée, que l'exercice des fonctions soutient
seul l'existence; que la vie, en un mot, est comme
stagnante ou même en pleine décroissance, on voit,
avant le moment de caducité, à cette époque qu'on
appelle vieillesse, peut-être à raison de l'usure
des organes du sentiment, on voit, dis-je, le
vieillard décrépit ne vivre que pour lui seul, dé-
daignant les pensées généreuses, cachant avec soin
la plus petite parcelle du trésor qu'il possède. Son
cœur paraît fermé à la pitié; il contemple d'un
œil indifférent jusqu'à la tempête qui menace de
renverser tout ce qui l'environne, ou, comme l'a
dit Montaigne, « l'ame humaine, à cette époque
de la vie, n'a aucun mouvement ni allure que
du souffle des passions. Sans leur agitation elle
resterait sans action, comme un navire que les
vents abandonnent de leur secours. * »

Eh bien! nonobstant ce que nous venons de
tracer dans le précédent paragraphe, et quoique
l'existence du vieillard paraisse bornée en quelque
sorte à la vie organique, il n'en est pas moins

---

* Ne nous lassons pas cependant de respecter, comme nous le
devons, la vieillesse; il existe bon nombre de vieillards distingués
par la générosité et la noblesse de leurs sentiments. Mais il n'en
est pas moins vrai que l'égoïsme est malheureusement très fréquent
dans cette dernière période de la vie.

sujet aux écarts et aux influences de l'imagination ;
il n'en est pas moins accessible aux mouvements
désordonnés et impétueux d'une vive émotion morale, et s'ils sont chez lui moins affectifs que chez
un jeune sujet, ils n'en produisent pas moins des
désordres dans le centre de la vie. Tout est relatif dans la Nature ; aussi les réactions de l'organisme n'ont presque pas d'effet chez le vieillard ;
et cependant ce dernier, subjugué par des craintes,
et ne pouvant supporter les tourments qu'il en-
dure, est encore capable de concevoir et d'exécuter contre lui les plus sinistres projets. Trop
timide ou trop faible pour oser préparer une arme
meurtrière, et craignant d'autre part son explosion, voulant d'ailleurs cacher dans l'ombre et le
silence la fin tragique de son heure dernière, il
se donne la mort par strangulation. D'autres, enfin,
aussi frénétiques, comme nous l'ont annoncé les
journaux de la capitale, se donnent la mort en
se préparant un bûcher ardent, à l'exemple du
magistrat de Verdun. Ici mes lecteurs concevront
sans peine que mon langage ne s'applique qu'à
des cerveaux malades, à ces maniaques qui ne
peuvent vaincre les noires idées que l'aberration
de l'esprit suggère, à ces hommes enfin qui ont
cessé toute relation ; et, pour agrandir le cadre
ou le tableau des vicissitudes, à ceux dont l'existence humaine passe soudainement de toutes les

douceurs de la vie aux adversités les plus rigoureuses.

Je viens d'esquisser un effrayant tableau, sans
doute ; mais peut-on se refuser à la réalité des
faits qui se passent trop souvent sous nos yeux,
et qui prouvent jusqu'à l'évidence à combien d'atteintes bizarres notre débile organisation peut être
entraînée ?

La fragilité humaine croule sous le poids de
mille causes diverses. La pente de celles où nous
venons de nous arrêter n'a pas toujours un glis-
sant aussi rapide ; les flots d'une saine raison maî-
trisent souvent des désordres pathologiques ressentis
d'abord par le système sensitif, et souvent aussi
l'intelligence et l'ensemble des forces organiques
peuvent calmer et vaincre par leur puissance,
les coups redoublés ou les *esprits malins* qui tendent sans cesse à produire des conséquences funestes.

Si nous avons insisté sur la spécialité patho-
génésique, ou l'origine des causes qui ruinent
d'un trait l'équilibre des fonctions vitales ; si nous
avons fait la part de la fureur ou de la démence ;
si, en un mot, nous avons donné trop d'extension
aux désordres nombreux occasionnés par une vive
impression morale, à une sorte d'insurrection des
organes de la vie animale, même de ceux de la
vie végétative, et que nous pourrions considérer

comme un océan sans rivages dont on ne peut marquer le commencement, ni limiter et préciser la fin, nous n'avons eu d'autre intention que de faire connaître l'extrême mobilité et la facile ir-ritabilité que l'on observe chez certains sujets doués d'une excessive impressionnabilité, et d'une sorte de surexcitation et d'agacement nerveux.

En procédant ainsi par la voie de l'investiga-tion, nous rentrons naturellement dans le cercle où nous devons puiser l'étude des effets qui, d'une manière plus cachée, produisent des dé-sordres dans notre économie; nous arrivons enfin au but principal qui doit faire la base de nos méditations, sans être obligé de nous arrêter à chaque pas à la simple contemplation d'un phé-nomène.

Nous avons déjà dit que les peines de l'ame pouvaient occasionner l'altération du moral et du physique; examinons maintenant comment la cause admise agit pour produire ces divers désordres.

A chaque pas que nous faisons pour arriver à la solution de cette importante proposition, nous sentons les difficultés s'accroître, et, nous devons le dire, notre répugnance pour les explications est grande; car, bien que tous les médecins soient d'accord sur la réalité des influences diverses des affections de l'ame sur l'économie animale; bien que le vulgaire lui-même reconnaisse la généralité des effets de la frayeur, je dirai cependant que je ne trouve rien de bien développé dans les livres de nos savants pathologistes; et les dictionnaires de médecine, aux articles *effroi* ou *frayeur*, gardent même un profond silence.

Voici comment nous allons chercher à régler et à démontrer, par les faits, toute la valeur de cette question médicale :

Il n'est pas d'organisation assez forte ni assez parfaite pour être constamment à l'abri des sensations plus ou moins subites et profondes appelées *effroi* ou *frayeur*, chagrin, peine ou tristesse ; tout le monde y est sujet, quel que soit d'ailleurs son courage; car le caractère le plus bouillant et le plus vrai ne préserve pas, au moment du danger, de la première sensation qu'on ne peut ni prévoir ni calculer.

Dans la plupart de ces circonstances, c'est un phénomène d'innervation qui frappe les individus soumis aux lois de l'influence de l'ame; un affaissement notable et général succède dans tout l'organisme; la peau se crispe, ses follicules s'érigent, les poils et les cheveux se dressent, le sang abandonne la peau et les organes de la périphérie, il s'accumule vers la région précordiale; le cœur et les gros vaisseaux qui en partent fonctionnent mal et d'une manière tumultueuse; la face est pâle, les yeux tendus restent immobiles ; un frisson

4

glacial parcourt rapidement la peau dans presque toutes les régions, et dure plus ou moins long-temps.

C'est ainsi que se manifeste l'ensemble apparent des premiers phénomènes d'une vive impression morale ; bientôt ces désordres primitifs, en altérant la sensibilité et la contractilité volontaire, présentent une multitude de différences dues au développement relatif des systèmes ou appareils qu'offre chaque individu selon son organisation.

Dans le cours de ce Mémoire, nous serons souvent arrêté par les difficultés qui naissent en foule de certaines expressions, dont il est plus aisé de sentir la valeur que de donner une juste définition ; néanmoins, nous serons concis, et, autant que le permettront nos connaissances médicales, nous aurons recours au dialecte physiologique.

L'homme doué d'une solide organisation, s'émeut ou s'agite aux approches de toute forte impression, soit que l'action de celle-ci frappe ses sens d'une manière agréable ou pénible. Le système sensitif est peut-être le premier qui éprouve ces sortes de lésions, et, chose remarquable, c'est que chaque degré d'altération, en raison des rapports et des fonctions organiques, nous présente toujours quelques traits particuliers qui nous rendent la classification ou division pratique de ces maladies difficile à établir. Nous voilà donc forcé,

à l'exemple de nos prédécesseurs, de généraliser
ces sortes d'affections, et de nous arrêter, malgré
les plus studieuses investigations des modernes, à
la perte ou diminution, ou bien à l'excitation de
la circulation nerveuse, enfin à voir l'action vitale des nerfs et de plusieurs autres systèmes ou
appareils, affaiblie, accrue ou troublée.

Ainsi, mise en jeu par mille causes diverses,
l'influence nerveuse peut produire le désordre de
tout l'organisme, ou bien, bornant son action dans
des limites plus étroites, n'atteindre que partiel-
lement l'origine d'un nerf, ou s'étendre aux parties
où le nerf se distribue.

Toutefois, le trouble et l'exaltation de l'ame,
les peines et les chagrins, quelquefois même une
joie excessive, enfin toute impression profonde qui
frappe nos sens avec désordre, les émeut ou les
intimide, peut aussi en totalité paralyser l'action
de la vie matérielle; et si cette suspension des
facultés organiques devient générale, si l'animation
déjà refroidie ne peut, dans un instant aussi court
que la pensée, réveiller la combinaison du gluten
vital, si la coexistence de ces deux grands principes cesse d'être connexe, l'impondérabilité et l'in-
divisibilité de l'ame abandonnent la matière; celle-ci
cesse alors de vivre, et nous n'avons sous les yeux
qu'un corps inanimé.

Le guerrier, le vrai guerrier, bravant le ca-

price du sort ou de la fortune, entraîné par un
noble et généreux amour pour sa patrie, attend
avec anxiété le signal du combat; les coups redoublés, la vibration de l'air qui l'environne, mis
en mouvement cadencé par les fanfares enivrantes
de nos clairons, et la vue des préparatifs de
guerre, semblent aiguiser ses armes. Ses fonctions
vitales se trouvent en quelque sorte activées; l'influx
nerveux accélère la circulation du sang; ses bras
se raidissent, son œil devient plus pénétrant, tout
son être grandit, et, franchissant tous les obstacles
avec la rapidité d'une matière inflammable, il apparaît devant son ennemi comme un cercle de feu,
le frappe de son glaive; son adresse redouble, il
frappe, il frappe encore, et s'il ne trouve la
mort sur le champ de la gloire, généreux, grand
et humain après la victoire, il consacre au culte
de Mars les instruments de fer avec lesquels il a
vaincu.

Moins bien organisé pour les actions héroïques
que celui qui vient de m'inspirer un si vivant
tableau; l'homme à fibre molle, le pusillanime,
saisi de stupeur par l'assemblage et les démons-
trations des combats, voit ses forces s'évanouir, la
circulation sanguine se ralentir faute de stimulant
nerveux; ses jambes fléchissent, tout son corps
est en émoi, un tremblement général s'empare
de ses membres, une pâleur mortelle décolore tous

ses traits, la face et les parties latérales et anté-
rieures du col se couvrent d'une sueur glaciale ;
pour lui la gloire s'est éclipsée, il n'a ni le courage de vaincre ni celui de mourir. *

Si nous considérons les hommes dans les différents ordres de la société, en politique, en ma-
gistrature, en littérature, dans les sciences, les
arts, et même dans le tourbillon des affaires commerciales, nous les voyons dominés par la furibonde ambition Le désir immodéré des richesses,
d'honneurs, de gloire et de puissance, sont autant de prestiges qui troublent leur raison; rien
ne peut calmer, rien ne peut satisfaire leur insa-
tiabilité, pas même l'accomplissement de leurs premiers projets. Plus on obtient et plus on veut
avoir, dit un vieil adage; ces maximes, ces scènes
comiques sont poussées jusqu'à l'extravagance au
XIX.ᵉ siècle; rien ne tranquillise, rien n'apaise
cette fièvre ardente d'imitation, qu'à bon droit on
peut considérer comme une passion active, tur-
bulente et absolue : l'homme au milieu des flots,
des générations, prodigue sa vie pour la satisfaire;
dès qu'il ne peut plus s'agrandir, il retombe sur
lui-même, et meurt consumé de peines et d'ennui.

---

* Plusieurs personnes nous disent que Jacques I.ᵉʳ, roi d'An-
gleterre, se trouvait mal à la vue d'une épée. — Beaucoup de
personnes tremblent et ont la diarrhée en entendant le cliquetis
des armes.

Le marteau du temps, le torrent des siècles
finit par tout détruire et tout effacer; notre système s'affaiblit, s'émousse, se détériore enfin ; et
les glaces d'une vieillesse souvent prématurée, amenées par une trop forte contention d'esprit ou
prééminence intellectuelle, forçant tous les rouages
organiques, ne tardent pas à provoquer un reflux
intérieur aussi nuisible au système physique qu'au
système moral ; dès-lors l'existence chancelle, et
bientôt, victime d'une activité qui irrite tous les
tissus, ou les flétrit d'une complète inertie, l'am-
bitieux meurt souvent d'une commotion apoplec-
tique ou d'une hypertrophie du cœur, et, dans la
seconde hypothèse, d'une fièvre consomptive.

Les peines de l'ame, ce véritable état mélancolique, cette condition atrabilaire qui constitue le
désordre dans la connexité de notre économie, ne
se manifeste pas toujours par des effets généraux
et d'une manière spontanée, et, nous devons le
dire d'abord, rarement tout l'organisme s'en trouve
dérangé. L'atteinte portée par la voie de la circulation nerveuse dans le centre ou la périphérie
de nos principaux organes est un sujet curieux
et intéressant à étudier : une main plus hardie et
plus exercée, une intelligence plus riche des connaissances des lois physiologiques, devrait présider
à la construction de ce vaste domaine, afin de
pouvoir, avec plus d'exactitude et de clarté, donner

des explications précises sur les phénomènes de la science de la vie. Or, nous ne prétendons pas fournir ici de grandes investigations; et, pour arriver avec quelque succès à la solution du problème qui nous occupe, sans prolixité, nous continuerons à citer les fruits de nos observations et de notre propre expérience, sans toutefois nous écarter de la route tracée par plusieurs médecins estimables qui, dans de savantes dissertations et des ouvrages élémentaires où brillent l'élégance et le génie, nous ont aplani une foule de difficultés, en nous guidant dans l'instruction et le savoir.

Personne n'ignore, ou du moins tout le monde sait apprécier les funestes conséquences qui résultent souvent d'une peine afflictive ou d'un chagrin profond; mais on voudrait pouvoir se rendre compte de son mode d'action : la tâche est difficile, et, comme nous le disions naguère dans un de nos précédents paragraphes, ce fluide électro-magnétique, mais de nature inconnue, et qui fuit à nos sens, nous impressionne cependant, et peut conduire à la démence, produire la folie et des passions déréglées. * Enfin, un état pénible de l'ame

---

* En comparant les tableaux statistiques publiés à diverses époques sur les causes de la folie, M. le docteur Brière de Boismont, à l'une des séances de l'Académie des Sciences, dans le mois d'octobre 1835 ou 36, a pu démontrer que sur 1049 fous entrés à Bicêtre, dans l'espace de cinq années, depuis 1808 à 1813, 114 l'étaient

passent les scènes primitives ou symptomatiques des dérangements organiques, résultat funeste de la variable mobilité de l'ame.

Fournis par la cinquième et la sixième paire cérébrale de chaque côté, aussi bien que par les nombreux rameaux distribués par tous les nerfs de la moelle épinière, les trisplanchniques, à des distances assez rapprochées, se réunissent en faisceaux serrés ou nœuds ganglionaires qui se propagent le long de leur trajet. Ces renflements, que plusieurs physiologistes regardent comme autant de petits cerveaux, et que l'on pourrait aussi considérer comme autant de petits manoirs vivants dans lesquels se fait l'élaboration du principe actif ou vital des nerfs, fluide qui pourrait à son tour souffrir mille autres diverses dénominations, en raison peut-être de son impondérabilité; ces renflements, dis-je, sont des petits centres communs d'où émanent les nerfs des viscères qui en sont le plus rapprochés, et qui pourraient être appelés, qu'on me passe cette expression, *les cordes vibrantes de l'ame.* Le plus important de tous, c'est le ganglion semi-lunaire, placé au-devant du corps des vertèbres dorsales correspondant à l'épigastre, et duquel tirent leur origine des filaments nerveux qui se distribuent dans la plupart des viscères contenus dans la cavité abdominale. Ce plexus, ce lacis formé par la réunion de nerfs grands sym-

pathiques, constitue ce que Buffon, Bordeu, Barthez
et Lacaze, désignent par le nom de *centre phré-
nique*, l'*archée* de Vanhelmont, véritable *foyer* de
la vie. C'est, enfin, dans ce réseau admirablement
riche d'homogéneité, que se rapportent toutes les
sensations agréables, et, dans la tristesse, une
constriction indéfinissable, d'où partent ces nombreuses irradiations pénibles qui jettent le trouble
et le désordre dans l'exercice intime de tous les
organes qui remplissent les fonctions importantes
de la nutrition, actes indépendants de notre volonté, et auxquels l'existence de la vie est essentiellement liée.

Une force vitale innée, une énergique tonicité
animant tous les tissus constituants, et un principe
conservateur de notre être, sont autant de sen-
tinelles avancées qui veillent sans cesse à l'harmonie
de toutes les fonctions de la vie, et luttent sans
relâche contre les puissances destructives qui tendent
à en interrompre l'exercice normal, et à anéantir
tout mouvement vital. Nous passerons sous silence
les causes accidentelles, mécaniques, physiques et
chimiques qui peuvent rompre tous les accords; et,
en écrivain consciencieux, limitant les désordres
produits dans notre économie par les peines de
l'ame, nous ne ne cesserons de tracer ici le fruit
de nos observations.

Sixième Observation. La nommée R. P., âgée de
quinze ans, fortement constituée, était occupée à

la garde d'un troupeau dans les plaines fertiles de l'Estramadure, non loin de Badajoz, capitale de cette province. Un ruisseau sinueux traverse cette plate campagne; ses eaux gonflent par les pluies abondantes de l'hiver, et néanmoins leur cours calme et tranquille glisse lentement sur un lit profondément creusé dans un terrain sabloneux. Un pont, attestant l'ouvrage des Romains, réunit les deux rives près du petit Talavera *; c'est là que la jeune bergère rassemblait ses brebis, et, à l'ombre de cette voûte antique, les protégeait, à certaines heures de la journée, de l'ardeur souvent brûlante des rayons solaires. Un jeune frère de R. P., avec deux de ses compagnons d'enfance, exerçait son agilité sur l'un des garde-fous de cet arceau; il tomba, et sa chute fut mortelle. La frayeur de celle qui fait le sujet de cette observation fut grande; elle éprouva une défaillance qui dura près d'une heure ; elle reprit enfin ses sens, et ne sortit de cet état presque léthargique que pour se voir torturée, pendant huit jours, par de terribles angoisses dont elle rapportait toutes les douleurs vers la région épigastrique.

A peine la malade avait-elle vieilli un mois, que les angoisses et les douleurs se renouvelèrent avec plus d'intensité; l'évacuation mensuelle, qui s'opérait

---

* Très joli bourg, situé à cinq lieues de Badajoz.

sans efforts et d'une manière régulière depuis près
d'une année, fut entièrement suspendue ; le sommeil
était troublé par des songes effrayants; tout son
corps fut agité de convulsions. Enfin, l'organisme
fut tellement dérangé, qu'une attaque épileptique
remplaça le flux menstruel.

Les secours de l'art mal dirigés furent nécessairement impuissants. Deux années s'écoulèrent ainsi,
et la jeune malade vit sa gaîté disparaître, ses
forces s'affaiblir; une maigreur approchant du ma-
rasme annonçait que les fonctions nutritives ne
s'exerçaient qu'imparfaitement ; une diarrhée colli-
quative, des sueurs nocturnes, et une toux sèche
sans expectoration indiquaient sa langueur et une fin
prochaine. C'est dans l'état que je viens de décrire
qu'elle me fut présentée, à Badajoz, le 26 juin
1824 *, deux ans après l'accident annoté. Elle
avait eu à supporter jusqu'alors 23 attaques d'é-
pilepsie.

Il est à remarquer que cette jeune personne se
trouvait indisposée au moment de la mort de son
frère ; les faits se passaient sous ses yeux, et le
chagrin qu'elle éprouva de cette fin malheureuse,
arrêta l'évacuation périodique ; bientôt les effets pro-

* A cette époque je remplissais les fonctions de chirurgien aide-
major, à l'hôpital militaire. — Badajoz était occupé par le 55.ᵉ
régiment de ligne, et une compagnie d'artillerie.

duits par la première impression devinrent généraux, et amenèrent la cachexie.

Dans des altérations si profondes, dans des désordres si compliqués, comment pouvoir diriger une thérapeutique convenable? Les moyens, je le sais, se présentent en foule? C'est donc dans leur choix qu'il importe d'étudier.

Dans des circonstances plus favorables, la première indication aurait été sans doute de chercher à diminuer l'hérétisme de l'organe utérin, en supposant qu'il existât; ou, d'autre part, à réveiller son inertie, ramener son action, rétablir ses fonctions; enfin, provoquer le flux menstruel. Mais, en les supposant même secondaires, les désordres qui avaient frappé l'appareil digestif, l'organe pulmonaire et tout le système sensitif, étaient si graves, que nous dûmes d'abord diriger contre eux la puissance médicatrice.

La malade fut soumise à un régime doux et approprié à son état; des moyens divers furent employés à calmer et à raffermir le moral; une méthode de traitement puisé dans l'arsenal pharmaceutique seconda merveilleusement nos prévisions, et, en peu de jours, nous parvînmes à étouffer les symptômes formidables d'une diathèse générale.

Enhardis par ces succès, nous nous crûmes autorisé à modifier notre plan d'attaque, et à diriger en partie la puissance de nos moyens curatifs vers l'utérus. A cet effet, nous prescrivîmes à la malade l'usage d'une légère infusion d'armoise, gommée et édulcorée avec le sirop de fleurs d'oranger, des bains locaux émollients, deux par jour; plus tard, et à une douce chaleur, à l'aide d'un *speculum* à forme d'entonnoir fortement évasé à l'extérieur, nous dirigeâmes d'une manière plus directe, sur l'orifice et le col de la matrice, l'action salutaire de la vapeur d'un liquide adoucissant; six sangsues furent appliquées aux grandes lèvres. La malade n'en fut nullement dérangée, et nous devons même dire que, sous l'empire de cette simple médication, sa santé s'améliora d'une manière notable. Des symptômes précurseurs d'une nouvelle attaque d'épilepsie apparurent le 23 juillet, et nous forcèrent de suspendre tout traitement pour la journée; l'accès dura dix-huit minutes, et les accidents nerveux se bornèrent à un tremblement des membres et du maxillaire inférieur : cet état n'avait rien d'inquiétant, ni de semblable à ceux précédemment observés, et les parents conçurent dès-lors l'espoir d'une guérison radicale.

Le 24 juillet, on fit une nouvelle application de six sangsues à la vulve. Le 2 et le 10 août, on renouvela une saignée locale par le même nombre de vers aquatiques, mais ces derniers furent appliqués à l'épigastre *. Le 12 on plongea la malade

---

* Cette saignée locale, à l'épigastre, fut renouvelée cinq fois, dans l'espace de quarante jours.

dans un bain gélatineux, à la chaleur de 28° R. ;
elle y demeura 20 minutes. Plus tard, aux moyens
indiqués plus haut, on ajouta au traitement, des
boissons ferrugineuses, et l'usage des pilules suivantes :

    Limaille de fer porphyrisée,   ⎞
    Pâte de chocolat,   ⎬ $\widetilde{aa}$ 4 grammes ;
    Valériane en poudre,   ⎠
    Opium (extrait gommeux),   4 décigrammes.
    Mucilage de gomme adragante, q. s. , pour
      des pilules de six grains ; d'abord, deux par
      jour, puis quatre, et enfin six.

Le 15 et le 18 on renouvela le bain gélatineux,
et six nouvelles sangsues aux parties génitales. Sous
l'empire de cette médication combinée, la malade
reprenait son embonpoint, sa gaîté revenait, ses
digestions n'étaient plus troublées, le sommeil était
calme et assez prolongé, l'équilibre des fonctions
organiques approchait de l'état normal. Enfin, le
jour tant désiré apparut; les règles se déclarèrent
dans la nuit du 19 au 20 septembre, et aucun
des signes tant redoutés de l'épilepsie ne s'est manifesté depuis.

Cette observation, attestant les bienfaits d'une
thérapeutique rationnelle, me paraît assez con-
cluante en faveur de la médecine raisonnée ; car
déjà les préludes de la mort avaient jeté un voile
sombre sur tous les traits de notre intéressante

malade ; et, bien que le monde médical fourmille de citations et de semblables succès, nous avons cru devoir chanter ici un triomphe de plus en faveur de la médecine physiologique.

Septième Observation. Dans la même ville (Badajoz), à peu près à la même époque, M. G..., sous-lieutenant au 35.ᵉ régiment d'infanterie de ligne, âgé de 22 ans, et doué d'une constitution robuste, reçut, dans une rencontre avec un officier espagnol, trois coups de sabre qui produisirent trois petites blessures ne divisant que la peau ; l'une était située sur la partie moyenne et droite du thorax, l'autre à l'avant-bras, et le troisième coup avait porté sur la face dorsale de la main, toujours du côté droit. Nous l'avons dit, ces trois solutions de continuité n'exigeaient aucune précaution, et tout apparat médico-chirurgical aurait pu être regardé comme superflu ; cependant les soins empressés de MM. les officiers de santé du corps furent immédiatement donnés, ajoutons même, pour rendre hommage à la vérité, avec une prévoyance scrupuleuse.

Dans l'intérêt de l'ordre, les autorités militaires mirent à effet la nécessaire exécution des règles disciplinaires, et huit jours d'arrêts furent infligés à M. G... Par une disposition du gouverneur de la place (le général Laguna), l'officier espagnol reçut l'injonction de quitter la ville. Ces mesures

5

de prudence ont souvent des effets salutaires : ici les deux antagonistes suivirent ponctuellement leur consigne.

Mais l'insuccès du combat porta une rude atteinte à l'amour propre de M. G..., et les distractions de ses camarades, poussées même jusqu'à la jubilation, ne purent amener ni calme ni repos : au milieu des protestations les plus sincères, les plus amicales, entouré des soins les plus affectueux par les hommes de l'art, il promenait dans sa retraite des regards sombres sur tous ceux qui l'entouraient ; la vie était pour lui un fardeau pénible ; il n'écoutait les conseils officieux qu'avec inquiétude et une froide indifférence. Évidemment la circulation nerveuse des centres organiques, l'archée de la machine animale, était en proie à une constriction morale. Sa rentrée dans le monde, dans les salons où les différends avaient pris naissance, était pour lui une secrète pensée qui empoisonnait sa vie, un supplice où s'arrêtait l'idée d'une honte indélébile et ridicule. Une douleur lente, cachée, mais continue, torturait cette ame altière qui, dans toute autre circonstance, aurait mille fois bravé une mort vomie par le bronze et l'airain. Eh bien ! cette force de résistance vitale dont la nature l'avait si richement doué, se trouva complètement brisée par la faiblesse inhérente à la fragilité humaine.

C'est dans un état d'angoisses difficile à décrire

qu'il fut transporté à l'hôpital militaire, dont la direction du service de santé était confiée à **M. Herpin**, médecin ordinaire, et à **M. Fournier**, chirurgien-major. Je donnai aussi mes soins au malade ; et je puis attester que de fréquentes consultations furent faites, et, selon l'indication, toutes les ressources de l'art, le plus sagement combinées, furent tour-à-tour essayées et administrées ; mais leur action, bientôt neutralisée, restait sans effet : une imagination ardente, et des souvenirs pénibles, faisaient sans cesse revivre les orages du cœur par les traits rapides de la pensée, et cette tension permanente des cordes vibrantes de l'ame fit échouer toutes les puissances thérapeutiques. M. G... succomba, un mois après son entrée à l'hôpital, stenté par des douleurs atroces, dans un état de maigreur extrême, d'une consomption générale, due en partie à la phthisie des grands nerfs sympathiques.

Huitième Observation. La mort d'un officier du 44.e régiment de ligne, amenée par l'annihilation des nerfs grands sympathiques, et par celle des fonctions et des organes de la vie intérieure, nous prouverait, si déjà nos savants physiologistes n'avaient réglé la somme de leur force motrice mise en jeu par la susceptibilité des nombreux rameaux que ces organes reçoivent du système ganglionaire, combien leur directe influence agit *ad hoc*, sur le cœur, l'estomac, le tube intestinal, etc. En effet, l'action combinée de ces principaux organes de la vie est pleinement indépendante de l'empire de notre volonté, et semble par cela même jouir d'une existence isolée.

Cet officier, âgé de 26 ans, d'un tempérament bilieux et nerveux, éprouva, vers la fin de l'année 1832, un dérangement notable dans les mouvements péristaltiques de l'appareil gastro-intestinal. Les digestions s'opéraient avec quelque difficulté ; le sommeil était troublé par des convulsions spontanées, et une constriction intérieure, principalement dans la cavité du thorax et vers la région épigastrique, lui faisait éprouver des angoisses pénibles qu'il ne pouvait pas définir. L'organe central de la circulation parfois fonctionnait mal, et ne se débarrassait qu'avec peine, et d'une manière incomplète, des colonnes successives d'un sang raréfiant qui engouait la tonicité moléculaire des parois de ses quatre cavités. Une pusillanimité suivait de près cet état insolite, et persistait plus ou moins, toujours accrue ou diminuée, selon l'exacerbation, la durée, ou le rappel plus ou moins normal de l'influx électro-moteur de la vie organique.

C'est dans cet état d'angoisses intermittentes, qui se renouvelaient à des périodes assez rapprochées, que M. Bahut passa deux années, occupé aux travaux sédentaires que nécessitait l'administration du corps *, et n'employant, pour combattre cette

* M. Bahut était sous-lieutenant, adjoint au trésorier (44.ᵉ régiment de ligne).

profonde altération de l'innervation , que des traitements bâtards et incendiaires que la facile crédulité et une coupable ignorance , toujours avides
du merveilleux pour des prétendues panacées spécifiques , empruntent trop souvent au charlatanisme.

L'influence atmosphérique , les variations assez
brusques de température , l'irrégularité fréquente des
saisons qui se fait remarquer sous le ciel quelquefois brûlant de la Gironde , toutes ces causes , dis-je ,
accrurent chez notre malade un état que je ne
pourrais mieux désigner que par lésion *sine materiâ*
du système nerveux , et en peu de temps ruinèrent
irréparablement la puissance vitale de tout l'organisme. Peut-être , et tout nous porte à le croire ,
l'affection dont était atteint M. Bahut , n'était autre
qu'une vraie nostalgie. Enfin , après plusieurs considérations sur le traitement , variant les indications
thérapeutiques selon les circonstances , et ne pouvant amener , malgré les secours de l'hygiène ,
aucun avantage en faveur du malade , nous lui
conseillâmes le séjour de son pays natal ; il y sous-
crivit avec plaisir , et cette idée , en ranimant ses
espérances , parut pendant quelques jours améliorer
sa santé; mais le résultat funeste a confirmé nos
prévisions : le mal avait jeté de trop profondes
racines , et ce calme momentané n'était dû qu'à
une réaction lente et insuffisante qui consume , parce
qu'elle ne détruit pas la cause première.

M. Bahut partit de Bordeaux, où le régiment tenait garnison, dans le mois de mars 1835. Il fit une absence de quatre-vingt-dix-jours qu'il passa à Cherbourg, et revint dans la Gironde, dans le mois de juin suivant, sans avoir éprouvé aucun changement favorable; je dois même dire, d'après le rapport qui m'a été fait (car j'étais alors dans les Pyrénées), que son moral s'était fort affaibli.

Abstraction faite des causes qui avaient développé et qui entretenaient cet état morbide, ou en le supposant même produit par des chagrins profonds et prolongés, toujours est-il que l'altération et le désordre du système nerveux de la vie intérieure étaient tels chez notre malade, que toutes les ressources de l'art puisées dans la thérapeutique générale ou spéciale, et reposant sur les indications offertes par le genre d'affection, ou modifiées par l'espèce et l'individualité; toujours est-il, dis-je, que trop souvent, dans ces sortes d'affections, les praticiens luttent sans succès et usent leurs moyens contre des causes inépuisables, se régénérant continuellement, et que la plupart du temps les souffrants succombent d'une fièvre hectique nerveuse (hectique morale). C'est ce qui arriva au malade qui nous fournit le sujet de cette observation.

Mon voyage aux Pyrénées me fait regretter de ne pouvoir donner ici les observations que j'aurais pu retirer de l'examen nécroscopique; mais j'ai

l'intime conviction que les recherches n'auraient
amené qu'imparfaitement à des résultats satisfaisants, au moins pour ce qui est de ces altérations
ou désordres organiques visibles à l'œil et appréciables au toucher, et qui conduisent souvent les
malades au terme fatal de tous leurs maux.

Ici, évidemment, nous n'avions pas à rechercher
des tubercules pulmonaires, ni une inflammation
chronique des membranes muqueuses, moins encore
une suppuration lente du foie, des reins ou du
mésentère; enfin, rien pendant la vie n'avait pu
nous faire soupçonner une dégénérescence ou une
lésion du parenchime d'un de ces organes. Sous ce
point de vue, l'inspection cadavérique, et la meilleure direction donnée au scalpel anatomique, n'auraient donc pu rien nous apprendre; mais, dans
l'intérêt de la science (c'est mon opinion), nous
aurions vraisemblablement trouvé les ressorts de
la vie dans un état de collabescence, ou, si vous
voulez mieux, de sidération sèche;—enfin, quelque
chose annonçant le défaut de cohérence dans leur
propre substance, une sorte de ramollissement,
une diminution dans leur volume, et, pour parler
un moment le langage de *Brown*, le résultat funeste de l'épuisement de l'incitabilité.

Cette dernière observation, que nous pourrions
appuyer par des faits nombreux et identiques, nous
conduit naturellement sur un vaste terrain, et nous

forcera de nous arrêter un instant sur les considérations que nous croyons devoir donner ici à
l'affection nostalgique.

C'est bien dans les rangs de l'armée que l'étude
de cette affection généralement connue par *maladie
du pays* pourrait recevoir les plus amples corol-
laires. Mais, avant de traiter cette importante question, j'ai cru bien faire d'enrichir mon Mémoire
en reproduisant, en entier, le beau et savant cha-
pitre que j'ai lu dix fois dans la *Nouvelle Doctrine des Sentiments moraux*. Mes lecteurs seront
récréés par une imagination ardente, des peintures touchantes, un style toujours pur, un coloris
vigoureux qui brille surtout dans les compa-
raisons et les descriptions, enfin cette évidence de
narration qui séduit et persuade; et, certainement,
si un jour je soumets mon écrit à des juges com-
pétents, nul doute que le choix de ce morceau
philosophique ne soit écouté avec plaisir, et que
la reproduction ne soit jugée de bon goût. Mais
laissons parler un instant l'auteur de la *Physiologie
des Passions* :

« DE L'AMOUR DE LA TERRE NATALE.

« C'est pour le philosophe un spectacle intéressant de voir comme ici-bas les hommes se réunissent par peuplades, par royaumes, etc., selon
qu'ils sont soumis aux mêmes mœurs, aux mêmes

habitudes, selon qu'ils sont dominés par les mêmes
intérêts, selon qu'ils reçoivent l'influence de tel
ou tel climat. Dans la société même, au sein
d'une même ville, on les voit se sous-diviser encore pour mieux se défendre, pour s'aimer davantage, pour sympathiser d'une manière plus intime. La même force qui nous rassemble par l'effet
de l'analogie de l'organisation, des coutumes, du
caractère, cette même force, dis-je, nous fait tenir
au sol qui nous a vus naître, à la terre où pour
la première fois nous avons respiré la vie, où nos
premiers ans se sont écoulés.

« Ce puissant amour de la terre natale est nécessaire au genre humain, Il est, en effet, avantageux que les habitants de chaque contrée mettent
en commun leur force, leur puissance et leur énergie,
pour résister à des rivalités, à des antipathies, à
des prétentions particulières. Sur la terre où Dieu
fait briller le même soleil, il est bon que les
hommes se séparent naturellement par troupes, par
sections, par tribus, etc., pour s'assurer mutuel-
lement une défense devenue nécessaire, pour se
fortifier contre des attaques, pour se préserver
d'une usurpation étrangère.

« De là vient, sans doute, que chacun ici-bas
s'imagine que son pays natal est distingué des
autres par des faveurs singulières, par des attributs
rares et particuliers. Il n'est pas une ville qui ne soit

pénétrée d'admiration pour ses divers établissements, pour ses édifices, ses murailles ; il n'est pas un bourg qui ne trouve un orgueilleux plaisir à vanter les avantages de sa position, la fertilité des campagnes qui l'environnent. La Nature a eu besoin de cette illusion pour retenir chaque homme dans ses foyers.

« Les Samoyèdes et les Lapons se plaisent dans leurs déserts glacés et dans leurs chétives cabanes : ils vont même jusqu'à s'imaginer qu'ils sont l'objet spécial d'une prédilection de l'Être Suprême. Ils parcourent les phases de leur vie comme s'ils se trouvaient environnés de toutes les jouissances du printemps ; pas un d'entre eux ne voudrait aller habiter les contrées riantes du Midi ; ils aiment trop la fumée de leurs chaumes humides ; ils aiment trop à voir briller la neige de leurs montagnes. On n'est pas moins frappé de surprise quand on voit tant d'autres peuples chérir à l'excès une terre où se succèdent les plus sombres hivers.

« Proposez à ce pêcheur Norwégien de le conduire dans les plus beaux lieux de ce monde ; montrez à son imagination des arbres chargés de fruits, des bosquets toujours verts ; promettez de renouveler pour lui les prodiges des jardins d'Alcinoüs : il vous dira qu'il préfère la vue du vaste Océan ; qu'il n'aime rien tant que les tempêtes ; que les plus riches paysages ne valent pas ses rochers où ses ancêtres ont eu leur berceau ; qu'il préfère ses nuages à votre brillant soleil, le jonc de ses terres sablonneuses à toutes les fleurs de vos prairies ; qu'il veut finir ses jours au milieu des glaces resplendissantes, et que rien n'est égal pour lui au bonheur qu'il a de ramener sa barque vers le rivage pour y retrouver sa femme et ses enfants.

« Les peuples en apparence les plus heureux sont ceux qui se montrent le plus attachés au sol de la patrie. Les Esquimaux, surtout, sont remarquables sous ce rapport. Lorsqu'on les transporte dans d'autres climats, ils ne peuvent oublier leur huile de baleine, leur chair de phoque, leurs canots, leurs chiens, leurs traîneaux. Ils aiment le Nord comme certains oiseaux de mer qui ne se plaisent que dans les régions hyperboréennes. Si l'on pouvait décrire ce qui se passe dans l'ame d'un habitant de la Sibérie, lorsqu'il est assis près de sa maîtresse sous l'indigent ombrage d'un triste et lugubre sapin, on verrait qu'il éprouve les mêmes ravissements que celui qui se trouve sous le beau ciel de la Provence : un brin d'herbe suffit pour enchanter sa vue.

« L'amour de la terre natale se montre surtout avec énergie chez les peuples tout-à-fait dépourvus de civilisation. Le genre de vie du sauvage est tellement propre à renforcer ses premières relations, qu'une douce habitude les lui rend plus chères

que la vie. L'instinct qui le ramène continuellement à la Nature ne lui laisse voir dans le monde
que les endroits où il a saisi et vaincu sa proie,
que le ruisseau qui l'a désaltéré, que la mousse
sur laquelle il s'est reposé, que la cabane où il
a dormi. L'impression répétée de ces objets, d'autant plus forte qu'ils sont moins variés, l'identifie
avec eux, et forme insensiblement ces liens indestructibles et touchants qui attachent tous les peuples
simples au lieu de leur naissance; ainsi les Cafres,
les Floridiens tiennent irrévocablement à leurs forêts,
parce qu'ils ne conçoivent pas ce qu'ils pourraient
gagner à les abandonner *.

« Les Californiens, par exemple, n'ont ni soucis
ni inquiétude. Ils ne connaissent aucune de ces
commodités de la vie dont la privation est pour nous
le plus grand des malheurs; ils sont sûrs d'avoir du
plaisir et des jouissances, parce qu'ils ne souhaitent
que ce qu'il leur est facile d'obtenir. Ils vivent sans
défiance; aucune contestation ne s'élève entre eux.
Ils sont exempts de maladies; l'exercice de la chasse
raffermit leur santé. Ils nagent aussi bien dans les
fleuves qu'ils marchent sur la terre. Ils ne sont pas
jaloux de leurs femmes, car leurs femmes ne les

---

* Les Galibis changent souvent de lieu; mais leur vie errante
ne prouve pas qu'ils n'aiment point la terre natale : pour eux le
désert est toujours la patrie; s'ils voyagent, c'est pour leur sub-
sistance : ils reviennent toujours au lieu qu'ils ont quitté. »

quittent jamais, et sont aussi attachées à leurs maris qu'à la terre natale. Ils n'ont d'autres ennemis que quelques bêtes féroces dont ils savent adroitement triompher, et leur plus grand soin est de façonner les flèches qui doivent les combattre. Que trouver de mieux dans des lieux où la civilisation aurait établi son empire!

« L'amour de la patrie est le même chez tous les sauvages connus. On a partout publié l'histoire de l'O-Tahitien conduit en France par M. de Bougainville ; on se rappelle la sensation de joie qu'il éprouva quand on le conduisit au Jardin-des-Plantes, et avec quel transport il embrassa l'arbre à pain, qui lui rappelait son pays. Cette fièvre de l'ame, qui le consumait en Europe, ne cessa que lorsque, ayant obtenu de s'en retourner, il crut reconnaître, du haut du vaisseau qui le portait, son toit paternel. Se dépouiller de l'habit européen, se jeter à la mer, aborder en nageant la côte la plus voisine, reprendre son arc et ses flèches, tout cela fut chez lui l'effet d'un sentiment qu'il avait à peine manifesté en France, mais qui reprit son empire à la vue de l'île où il était né.

« C'est aussi l'amour de la terre natale qui détermine certains Nègres transportés dans nos colonies (lors même que le vaisseau est déjà loin des côtes) à se révolter contre les blancs, et à les massacrer, pour exécuter le dessein qu'ils ont de regagner à la nage la rive africaine. L'abîme va les engloutir, mais le sentiment énergique qui les guide ne leur permet pas de calculer les dangers et de mesurer les distances. C'est encore ce même amour qui porte quelques-uns de ces malheureux à s'étrangler, ou à terminer leur carrière par le poison; ils s'imaginent que, dans peu de jours, ils se trouveront dans leur pays.

« L'attachement pour le sol natal est indépendant de celui de la propriété, selon la remarque de tous les voyageurs. Continuellement, disent-ils, on voit sur la terre étrangère l'Européen tourmenté du désir de revoir son pays : il n'a pourtant rien à regretter, rien à prétendre dans sa patrie, qui souvent l'a rejeté de son sein; il n'y possédait rien, il y vivait dans l'isolement, tandis que, dans la contrée où il a porté ses pas, l'hospitalité la plus franche lui a été accordée; il a donc tous les éléments du bonheur. Et cependant une idée vague le poursuit et le préoccupe sans cesse; au sein de l'abondance et des plaisirs, il éprouve un vide que rien ne peut suppléer; cette inquiétude ne tarde pas à se convertir en un sentiment douloureux, qui ne lui laisse pas le moindre repos.

« On connaît l'affection vive que les bergers des Alpes conservent, dans tous les temps, pour les montagnes qu'ils ont tant aimées; on sait comme le chagrin les accable quand des circonstances les en éloignent. Voyez le soldat suisse quand il combat pour ses rochers ! Ses souvenirs l'enflamment : il croit défendre ses aïeux. Il a le courage de la vertu, parce qu'il a le délire de la patrie. Nous avons conservé quelque temps à l'hôpital Saint-Louis une jeune fille du canton de Berne, qui était devenue profondément mélancolique ; elle passait les jours et les nuits à regretter la terre natale ; elle chantait sans cesse l'air favori du *Ranz des Vaches*. Cette infortunée languit et se dessécha par la consomption.

« Les médecins connaissent une affreuse maladie qui est le résultat des tourments qu'on éprouve quand on est éloigné de la terre natale ; c'est la maladie des exilés ; c'est celle des jeunes guerriers que les circonstances entraînent loin de leurs foyers et de leurs parents chéris. On voit quelquefois une armée entière d'adolescents abattue et désespérée : c'est surtout lorsqu'on a franchi des montagnes escarpées, lorsqu'on a traversé des fleuves, lorsqu'on a tout bravé pour parvenir dans des contrées lointaines, que cette affection éclate et met en révolte une innombrable quantité d'individus, lesquels donnent alors un libre cours à leurs plaintes et à leurs regrets ; c'est lorsque les communications sont totalement interrompues que le mal redouble. Il est digne d'observation que les habitants de la campagne y sont en général plus sujets que les citadins. Le paysan regrette toujours sa bêche et sa charrue. Revoir le champ de son père, reposer sa tête sous l'arbre qui ombragea son berceau, presser contre son cœur le sein maternel, embrasser les compagnons de son enfance, voilà à quoi se bornent ses vœux.

« La nostalgie est une douleur profonde que l'on cherche parfois à dissimuler; mais ceux qui en sont atteints trahissent bientôt le secret de leur ame par la distraction de leurs regards, par un air inquiet et rêveur. J'ai vu plusieurs de ces jeunes militaires dont les yeux étaient constamment tournés vers le ciel; ils semblaient s'attacher au nuage qui prenait la direction de leur pays; ils auraient voulu suivre le vent qui soufflait du côté de leur patrie. Faites voyager un nostalgique sur une terre émaillée de fleurs, faites-le respirer dans une atmosphère parfumée d'ambroisie, vous ne parviendrez point à lui faire oublier le toit de ses pères. Qui peut redire sans émotion ces paroles si touchantes d'un de nos cantiques sacrés : *Nous nous sommes assis sur les bords des fleuves de Babylone; et nos larmes ont coulé en nous ressouvenant de Sion !* *

« Quand nous sommes livrés à toute la turbulence de nos passions, la terre natale nous est quelquefois insupportable; l'amour de la liberté, l'ardeur bouillante de la jeunesse nous entraînent

---

* *Super flumina Babylonis illic sedimus, et flevimus cùm recordaremur Sion.*

loin des lieux où nous avons reçu le jour ; nous
brûlons de quitter le toit domestique ; mais, quand
nous avons prodigué toute notre existence au dehors
et dans des pays éloignés, nous redemandons à la
Nature les premiers biens, les premiers amis que
le ciel nous donna ; nous nous empressons de re-
passer les mers, de retourner vers les rivages que
nous avions délaissés. On dirait qu'il y a, dans
l'air de la patrie, une saveur délicieuse qu'on ne
goûte jamais sur une terre étrangère ; et personne
n'ignore qu'il n'est point de meilleure pâture pour
un cœur malade ou convalescent.

« Il en est de la terre natale comme de toutes les
premières impressions de la vie ; il faut avoir quitté ses
dieux pénates, pour sentir combien il est doux de
les retrouver. Après une longue absence, comme
on reprend avec transport ses liens primitifs ! Comme
on se rattache à tout ce qu'on a aimé ! Avec quelle
avidité nous reportons nos regards sur tous les objets qui se représentent à nous ! Avec quelle ivresse
nous revoyons le toit qui nous a vus naître, le sol
qui nous a nourris ! Nous analysons tous les changements qui se sont opérés dans la maison, dans
le jardin, dans la prairie ; nous examinons si l'arbre
a pris de l'accroissement, si le cours du ruisseau
a été détourné ; nous cherchons les lieux témoins
des jeux de notre enfance ; nous pleurons de joie
en revoyant le site où nous avons exprimé nos

6

premières affections, nos premiers regrets ; nous nous rappelons les soins dont on a entouré notre jeunesse. De pareils sentiments ne peuvent se décrire. Les souvenirs de l'imagination sont les plus attendrissants , et ce sont ceux que donne la patrie.

« Des peuples hospitaliers consolent vainement l'homme qu'on a banni ; il a toujours le front chargé d'affliction. C'est toujours vers son pays qu'il dirige ses vœux et ses espérances : il ne cesse d'appeler par ses vœux le vaisseau qui doit le ramener parmi les siens. On dirait que cet amour pour le sol natal , qui s'accroît et s'agrandit de plus en plus par le temps , par les distances, tient à une certaine disposition de notre ame, à certains éléments , à certains principes de notre constitution physique , qui réagissent à certaines époques , et nous forcent à venir nous replacer, pour ainsi dire malgré nous, sous le soleil qui éclaira notre berceau.

« Les animaux ont aussi l'instinct de la terre natale : on observe que, lorsque certains d'entre eux ont été transportés à une grande distance, ils reviennent avec une rapidité inconcevable aux lieux où on les a pris : ils ont, en quelque sorte, le sens qui fait apprécier les espaces. Il est constant que ce sentiment affecte surtout les oiseaux de mer et ceux des montagnes; aussi est-il difficile de les déplacer sans qu'ils éprouvent un ennui insupportable, qui détermine quelquefois leur mort; quand on cherche à les rendre esclaves, on s'aperçoit qu'ils sont bientôt atteints d'une profonde mélancolie : ceux qui habitent des sites sauvages sont précisément ceux qu'il est impossible de dépayser.

« Les insectes ailés ont le même penchant, et il est difficile de les détacher du sol où ils ont pris naissance. M. le baron Besner, gouverneur de Cayenne, conçut autrefois le projet de naturaliser dans cette île des abeilles de France. Aucune précaution ne fut négligée pour venir à bout de cette entreprise. Les ruches furent placées dans une habitation à l'abri de tout trouble, et dans l'exposition la plus favorable à leur entretien ; mais le lendemain, quand on alla les visiter, toutes les abeilles avaient disparu. Quel fut néanmoins l'étonnement du gouverneur, quand il apprit que ces mouches avaient été se placer sur le mât du vaisseau qui les avait apportées d'Europe, et qui était sur le point de retourner en France ! Elles voltigeaient et ne cessaient de bourdonner autour des voiles avec une sorte d'inquiétude *.

---

* Ce fait paraît si extraordinaire, qu'on n'y ajouterait aucune croyance, s'il n'était attesté par toute la colonie: tous les gens du pays le rapportent. Cependant, ce fait ne doit pas surprendre ceux qui ont fait une étude particulière de ces merveilleux insectes, et qui ont été à même d'apprécier les effets sans nombre de leur intelligence et de leur instinct. »

« Ce n'est donc point un besoin factice que ce
penchant irrésistible dont nous venons de traiter ;
il ne saurait être le résultat de l'habitude : c'est
un penchant naturel, parce qu'il entre dans les
vues de la Providence. De là vient qu'on voit tant
de gens qui ont fait le tour du monde, et qui reviennent toujours étonner leurs concitoyens par le
récit de tout ce qu'ils ont vu et observé. Si la
famine chasse le Savoyard de ses montagnes, il ne
tarde pas à y revenir quand sa petite industrie lui
a procuré de quoi subsister le reste de ses jours.

« Les sauvages prétendent qu'il faut être ingrat
ou pervers pour se complaire dans des pays éloignés de celui où on a un père, une mère, une
épouse ou des enfants. Il n'y a pas long-temps que
l'un des leurs déserta sa tribu : il y revint
quelques années après ; les siens le reconnurent et
le punirent en lui donnant la mort. Je tiens ce
trait d'un missionnaire de la Louisiane. — Oui,
c'est en ce lieu que je suis né ! s'écrie avec transport Cicéron ; aussi, je ne sais quel charme s'y
trouve qui ravit délicieusement mon cœur, et qui
me rend encore ce séjour aussi doux qu'agréable :
et ne nous dit-on pas que le plus sage des mortels, pour revoir sa ville d'Ithaque, refusa l'immor-
lité ? * »

---

* « *Quare inest nescio quid, et latet in imo sensu meo, quo me plus
hic locus fortasse delectet ; siquidem etiam ille sapientissimus vir, Ithacam
ut videret, immortalitatem scribitur repudiasse.* »

Voilà bien le tableau parlant de la plupart des causes qui peuvent développer la nostalgie : la mélancolie et l'ennui dessèchent quelquefois même au milieu du luxe et de la richesse, et, sans efforts, nous pourrions trouver bon nombre de ces victimes dans les fastes de la gloire, et même dans l'imagination ardente et la plus élevée de la littérature ; mais nous allons les prendre dans des conditions plus humbles, dans les rangs de l'armée ; c'est aussi là que nous avons eu occasion de les observer fréquemment, et nous pouvons sans crainte, même au milieu de la vie agitée du soldat, établir le type-modèle des aberrations de l'ame.

La rigoureuse, mais indispensable loi de recrutement appelle toûs les ans, sous les drapeaux de l'État, quatre-vingt mille soldats. Bien que ces jeunes gens soient pour la plupart pris dans les classes les plus nécessiteuses de la société, ils n'en ont pas moins reçu, dans leurs foyers, les soins affectueux et les tendres caresses d'une mère toujours indulgente. Ils ont grandi jusqu'à leur vingtième année sous le toit paternel ; ils ont partagé avec leurs frères et leurs amis les travaux pénibles des champs ; ils ont dans maintes circonstances, en bondissant avec leurs compagnons d'enfance, parcouru les verdoyantes prairies dont les produits annuels contribuent à la fortune de leur hameau ; les vallons et les forêts ont mille fois répété les

chants des habitants de nos vastes plaines ; les gorges
profondes et les rochers escarpés ont retenti également des cris aigus et des couplets monotones de
nos montagnards. Eh bien! dans ces lieux où leur
existence s'écoulait dans une solitude paisible, au
sein de leur famille, au milieu des besoins impé-
rieux de leurs relations intimes contractées dès
leur plus tendre enfance, ils oublient, ou, pour
mieux dire, ils ne cherchent guère à connaître le
tumulte et le grandiose de nos cités. Si quelquefois, attentifs, ils se plaisent à entendre raconter
le triomphe et les exploits de nos phalanges,
ils n'en partagent la joie que parce que les hauts
faits qui la font naître appartiennent en partie à
leurs frères, à leurs amis, à leurs compatriotes,
aux enfants d'une même patrie, et que dans leur
poitrine palpite évidemment un cœur français; mais
pour eux, complètement indifférents à l'honneur et
à la gloire des armes, rester attachés au pays qui les
vit naître, voilà toute leur ambition.

Bien que l'homme, par sa nature, soit peut-être
le seul être apte à recevoir toutes les modifications
amenées par les nuances diverses des différents climats;
bien qu'il soit doué du privilége qu'il tient de son
essence de résister aux variations de température, et
qu'il puisse vivre, enfin, avec l'habitant du tropique
et les nations voisines du cercle polaire, il n'en
reçoit pas moins un cachet particulier, il n'en subit

pas moins une sorte de métamorphose graduelle dans ses facultés physiques, morales et intellectuelles. Nous ne nous occuperons pas davantage de l'influence des climats sur l'homme ; nous savons que, malgré l'identité de leur espèce, ils diffèrent entre eux par des nuances variées à l'infini. Mais ce qu'il nous importe de bien apprécier, c'est que l'homme, devant en partie sa constitution au climat qui l'a vu naître et qu'il habite, y est attaché par instinct et par nature ; et c'est aussi sous ce point de vue bien naturel que nous accordons au sol natal cette douce et solide dénomination de mère-patrie.

Cependant, au milieu de leur paisible demeure, la loi vient frapper les jeunes gens à l'époque de leur virilité. Contraints par le sort de payer leur dette à l'État, ils se résignent, se groupent au chef-lieu de leur département, et, sous la surveillance d'un officier de l'armée, ils sont conduits à leur corps respectif. Dociles aux ordres de la loi commune, et malgré les sanglots que font naître les adieux d'une cruelle séparation, le signal du départ ne se fait pas sans quelques manifestations bruyantes. Une souscription volontaire a bientôt fourni la somme nécessaire à l'achat d'un tambour, et aussi à la confection d'une bannière aux trois couleurs ; le bruit éclatant de l'instrument militaire marque leur pas et se confond avec des chants patriotiques ; la vue du drapeau national anime leur valeur naissante, et chacun réclame l'honneur d'être porte-étendard. Enfin ils parcourent la distance qui va bientôt les séparer de leurs foyers , de leurs plus tendres affections ; et ils cherchent ainsi à s'étourdir , pour mieux oublier , s'il est encore en leur puissance , le souvenir qui rapporte toutes leurs pensées vers leurs pénates.

Incorporés dans divers régiments , mais soumis à des occupations , à des devoirs et à une discipline si différente de l'indépendance et de la douceur de leur vie antérieure , nos jeunes soldats sont traités avec toute l'aménité qui caractérise les chefs de notre belle armée. Tous les instants de nos braves officiers sont employés à compléter leur instruction militaire , et rendons hommage aux vues philanthropiques , à la puissance et à la volonté gouvernementale , en disant que toutes les choses nécessaires au besoin du soldat ne sont jamais négligées. Bien vêtus , bien nourris , soumis à la surveillance et aux soins bien entendus d'une stricte propreté , nos brillants bataillons ne paraissent jamais s'affaiblir , malgré la juste répartition des congés ordonnés par la loi , et qui ramènent chaque année un sixième de l'armée dans ses foyers. Nous pouvons ajouter , sans crainte de recevoir de qui que ce soit la moindre contradiction sur les vérités que nous venons de relater , que les militaires , après leurs cinq ou six ans de service , rentrent chez eux , grace à la formation et à la bonne direction de nos écoles régimentaires , assez

instruits et capables de répandre dans les campagnes
les bienfaits et les principes d'une bonne éducation ; ce
qui, en outre, permet à plusieurs d'entre eux d'exercer
des fonctions honorables , et d'apprendre plus tard à
leurs enfants et à leurs neveux combien il est utile
pour leur existence future, et pour éviter les écueils
de la vie sociale , de recevoir de bonne heure les
éléments d'une instruction qui ne manque jamais de
développer l'intelligence et d'agrandir les nobles sentiments de l'ame. *

Toutefois , au milieu des distractions les plus
diverses , de la gaîté la plus franche , de cette intimité
et de l'esprit de camaraderie qui s'établit toujours
entre les hommes faisant partie du même régiment,
il en est qui ne partagent qu'avec indifférence et
une préoccupation craintive les scènes amusantes ,
les jeux de mots et les récits souvent controuvés
que les anciens soldats débitent dans les casernes ;

---

* On remarque les paroles suivantes dans l'allocution que le
Prince Royal, duc d'Orléans, adressait, le 1.er octobre 1837, aux
Généraux et à tous les Officiers des troupes qui composaient le Camp
d'instruction de Compiègne : — « Chaque année l'armée rend au pays
les hommes que la France lui a confiés, et, grace à vos soins ,
ces hommes rentrent dans la population meilleurs et plus utiles à
la patrie ; car, entre vos mains, ils ne sont pas seulement des
instruments de guerre, mais ils ont été formés bons citoyen, ayant
la connaissance de leurs devoirs et l'habitude de les remplir. Que
la conscience de rendre ainsi sans cesse d'utiles et incontestables
services soutienne votre zèle ! »

ceux-ci, dis-je, mauvais optimistes pour tout ce
qui se passe sous leurs yeux lorsqu'ils sont éloignés
du toit paternel, et d'ailleurs dominés par une
fièvre intérieure due en totalité au souvenir du fan-
tôme du pays natal et de ses charmes, toute leur
pensée se reporte vers des lieux et des personnes
qui leur sont chers. Sous l'influence de cette impression profonde, tout les importune; rien, pas même
la douceur et la bienveillance attentive de leurs chefs,
ne paraît pouvoir leur rendre ni leur faire un instant
oublier le bien qu'ils ont momentanément perdu; ils
deviennent tristes, inquiets, silencieux, craintifs,
et bientôt la cohorte des altérations organiques suit
de près ces premiers symptômes de l'affection nostalgique. Une sensation douloureuse se fait ordinairement sentir vers les principaux viscères contenus dans
les grandes cavités qui forment le trépied de la vie;
les digestions sont mal élaborées et ne s'opèrent
qu'avec difficulté; l'appétit se perd, le corps maigrit,
s'étiole et s'affaiblit par degrés, d'une manière plus
ou moins rapide.

Ainsi, toujours poursuivis par des rêves imaginaires, accablés sous le poids du souvenir de leur
pays natal, les nostalgiques éprouvent une forte
aversion et un dégoût invincible pour leur position
nouvelle; totalement absorbés par cette pensée funeste,
la détérioration physique fait des progrès, et, de
proche en proche, la dégradation organique ne tarde

pas à produire la débilité générale ; les yeux sont ternes , enfoncés , brillants d'un feu sombre ; les traits sont affaissés , la couleur de la face et de toute la périphérie du corps prend une teinte ictérique ; le pouls est petit , faible , misérable ; les mouvements musculaires sont insolites et à peu près nuls , et ne paraissent s'exécuter que d'une manière automatique ; enfin , dans cet état presque consomptif , les nostalgiques , en proie à leur idée exclusive , ne paraissent conserver quelques restes d'énergie que pour avoir la force , disons mieux , la faiblesse de nourrir leur douleur.

Parvenus à cet excès d'accablement ou de stupidité , rarement les ressources de la médecine parviennent à ramener le nostalgique à l'état physiologique parfait. Cependant , si l'affection morale , si la mélancolie , si les périls fantastiques incessants , si enfin cette imagination exaltée , qui caractérise si bien la maladie du pays ; si du moins toutes ces causes réunies n'ont pas entièrement amené la flétrissure de l'ame , il est encore permis d'espérer une convalescence heureuse.

Dans cette circonstance , les moyens prophylactiques doivent faire la base du traitement , et celui-ci sera puissamment secondé par les secours moraux : Entretenir le malade avec bienveillance et douceur , avoir pour lui des soins affectueux et les égards nécessités par sa position ; éviter surtout d'appeler son attention sur la cause de ses regrets , ou du moins n'en agir ainsi qu'en entrant dans ses idées, en accordant des éloges aux contrées et aux personnes qu'il désire tant revoir. Et encore, hâtons-nous de le dire, par ces derniers moyens on n'obtient pas toujours une guérison certaine. Au rapport de Zwinger (Note reproduite par Sauvage dans sa *Nosologie méthodique*, 8.ᵉ classe des *Folies*, tome II, page 684), il est dit : « Les troupes helvétiques avaient une chanson qui était propre à leur rappeler les délices de la Suisse, et à les faire tomber dans cette maladie ; mais on défendit de la chanter, sous peine de la vie. » *

J'ai souvent eu occasion d'observer, dans ma pratique militaire, l'influence funeste des tristes souvenirs de la patrie. A l'époque du désastre de 1812,

---

* Sauvage s'est trompé en classant la nostalgie dans l'ordre des folies. La nostalgie, s. f., *nostalgia*, de NOSTOS, retour, et ALGOS, douleur, tristesse, mélancolie produite par l'éloignement du pays natal, par le désir irrésistible et incessant d'y retourner, ne doit et ne peut pas être considérée comme une aliénation d'esprit, ni comme une altération primitive de l'organe encéphalique ou de ses annexes : dans son état simple, cette affection se développe presque toujours spontanément, sans causes connues ; — c'est celle qu'aucune maladie n'a fait naître. Elle est due en partie à une terreur ridicule d'une position nouvelle, à l'amour et au souvenir de son pays natal, à l'antipathie pour le métier des armes, etc. ; et pour certaines personnes il est très difficile de leur arracher le bandeau des préjugés. Il en est cependant qui perdent la raison ; mais cet état secondaire est le résultat d'une altération consécutive, ou d'une complication avec une maladie stationnaire, endémique ou épidémique, et dans une de ces conditions la nostalgie est souvent mortelle.

dans les déserts glacés de la Russie ; lorsque la fortune déployait ses rigueurs, que la misère se montrait dans nos rangs avec le hideux cortège d'alarmes, de fatigues, de privations de toute espèce, j'ai vu, dis-je, bon nombre de ces débris glorieux et immortels de l'armée impériale succomber, dans les premiers jours de leur captivité, aux horreurs et au désespoir nostalgiques ; aucune des médications employées n'apportait le moindre soulagement à leurs maux ; les forces synergiques de l'organisme étaient totalement épuisées ; et ceux qui, par une réaction salutaire des propriétés vitales, mais rarement attendue, échappaient aux tortures morales, étaient bientôt victimes de la triple complication de la fièvre typhoïde, du choléra-morbus sporadique, et de la maladie du pays.

Dans des conditions plus prospères, il est permis d'espérer des résultats plus satisfaisants ; aujourd'hui, au sein de nos cités, dans le calme de la paix, grace à la philosophie éclairée de nos hommes d'État, et de la haute capacité du Chef émané de l'unité, de l'amour et de la volonté nationale, nous pouvons nous servir du véritable spécifique, qui consiste à renvoyer dans leurs familles plusieurs centaines de jeunes gens que des congés de convalescence de trois ou six mois ramènent toujours à leur corps dans un état de santé parfaite. Se hâter d'accorder ces congés est donc un bienfait que l'humanité réclame.

Jamais le médecin habitué à scruter les véritables impressions du système encéphalique, et les sensations intimes des hommes confiés à ses soins, ne pourra être trompé sur la réalité de l'affection nostalgique et de ses complications. Nous ne reviendrons pas sur l'énumération des diverses symptômes qui la caractérisent et que nous avons déjà fait connaître ; qu'il nous suffise, en terminant cet article, de dire que toutes les suggestions de l'esprit de ruse pour simuler cette affection ne peuvent certainement pas en imposer à l'homme instruit ; et que le faux nostalgique se décèle par le bon état des fonctions, par la continuation normale de la myotilité, par le calme du pouls et la régularité de la circulation capillaire, qui maintient la coloration du visage et de la surface du corps, selon le type ou l'importance de l'idiosyncrasie du sujet.

Pour sanctionner et pour établir avec certitude les résultats favorables que nous avons toujours obtenus par l'emploi du seul spécifique connu contre la nostalgie, nous pourrions ici multiplier les observations que nous avons recueillies dans maintes circonstances ; mais ces faits arriveraient toujours à la même conséquence, et n'ajouteraient rien à une vérité désormais incontestable. Cependant un dernier trait, couronné d'un plein succès, nous paraît assez frappant pour que nous ayons cru devoir le rapporter.

Un grenadier du 2.ᵉ bataillon du 44.ᵉ régiment

de ligne, le nommé Dunaime (Louis), âgé de 25 ans, d'un tempérament sanguin, remplaçant un jeune soldat de la classe de 1833, éprouva, dans le courant de septembre 1835, le besoin indicible de revoir son pays natal. Comme l'ensemble des fonctions marchait d'une manière assez régulière, et que son embonpoint ne paraissait nullement souffrir de ses désirs incessants, la demande faiblement motivée d'un congé de trois mois, faite par ce militaire, fut refusée.

Contrarié dans ses espérances, bientôt il devint triste, rêveur, mélancolique; le bon état du corps disparut dans l'espace de quinze jours; une fièvre intermittente tierce s'empara de ce militaire, et je fus contraint de l'envoyer à l'hôpital. Les soins assidus qu'il y reçut triomphèrent en peu de jours de cette affection qui ne s'annonça par aucun caractère grave, et il rentra dans sa compagnie pour y continuer son service.

Deux mois après sa sortie de l'hôpital, il fut atteint d'une gastro-duodénite; la sensibilité de l'hypocondre droit, et une teinte ictérique assez prononcée, nous firent reconnaître que tout l'appareil biliaire était frappé du même degré d'inflammation.

Cette affection aiguë, où plusieurs organes paraissaient lésés, nous donna quelque inquiétude; déjà l'irritation des viscères, et spécialement ceux de la digestion (l'estomac et le duodénum), agissait sympathiquement sur l'encéphale ou ses annexes ; c'est ce dont il nous fut facile de nous convaincre par la chaleur frontale, une céphalalgie assez intense, l'accélération du pouls, et quelques désordres dans ses idées.

Conduit de nouveau à l'hôpital, notre malade y reçut les soins les plus affectueux : la méthode anti-phlogistique, dirigée par des mains habiles, triompha encore cette fois de la complication morbide, qui pouvait avoir une terminaison funeste sans les secours de cette puissance médicatrice. Après un mois de traitement et une convalescence de huit jours, le susnommé rentra, et se soumit sans contrainte aux ordres qui lui furent donnés de reprendre son service. Mais bientôt des désordres généraux éclatèrent dans les fonctions des principaux systèmes : ainsi, on ne tarda pas à voir reparaître la gastro-duodénite, la teinte ictérique, et puis, par voie de sympathie, tous les désordres occasionnés par l'altération du cerveau et de ses enveloppes ; la circulation était évidemment troublée, et le pouls, dans un état irrégulier, donnait cent vingt pulsations par minute.

Nous comprîmes dès-lors que l'indication devenait de plus en plus pressante, et que pour arriver à une guérison radicale, il fallait nécessairement lui accorder un congé de convalescence qui lui permît de revoir et sa famille et son pays natal.

La convalescence fut accordée. Cette nouvelle fut reçue avec joie, et déjà notre malade paraissait plus gai et plus fort. Il passa près de trois mois dans ses foyers où il se rétablit complètement. Il n'attendit pas l'expiration de sa permission pour rejoindre le régiment, et, depuis sa rentrée, il fut sous le bénéfice d'une santé des plus prospères.

Nous avons suffisamment démontré les phénomènes insolites qui peuvent résulter de l'action stupéfiante ou du toxique délétère agissant sur nos organes, et fournis par les peines de l'ame. Nous avons également fait connaître l'abîme où pouvaient nous conduire l'amour-propre froissé, les passions déréglées, l'ambition, la vanité, et surtout ces mouvements coupables et violents qui dégradent l'homme qui se livre aux chances du hasard dans des maisons de jeu et de débauche. Nous avons, enfin, parcouru les sentiers multiples du vice et les routes incalculables du malheur; et, dans cette controverse bizarre, partant d'une infinité de points diamétralement opposés, nous avons toujours rencontré la Nature poursuivant sans obstacle ses phases accoutumées, et la fragilité humaine soumise aux lois et aux conséquences de sa destruction.

Cependant la marche, la ruine et les atteintes de l'ame, les aberrations et les désordres organiques, ne sont pas toujours inaccessibles à la puissance de l'art : la richesse de nos arsenaux phar-

maceutiques, les progrès immenses de la chimie
moderne, les combinaisons variées d'une sage thérapeutique, et les secours puisés dans les connaissances prophylactiques forment un concours presque
inépuisable d'où le médecin instruit pourra retirer
les moyens nécessaires pour combattre avec succès
la plupart des maux qui viennent affliger l'espèce
humaine.

On comprendra aisément que je ne puis pas ici,
dans les bornes resserrées d'un Mémoire, m'arrêter
à chaque échelon, et faire de la pathologie générale, ou marquer enfin le détail historique de
chaque affection. Cette étude doit être faite dans nos
académies, dans nos écoles universitaires ; je pourrais
même dire, avant de mettre la main à l'œuvre :
et, pour qu'elle soit parfaite, il faut aussi qu'elle
soit ornée par les leçons cliniques suivies dans ces
vastes hôpitaux de la capitale, asiles de douleur,
où nos illustrations médicales exercent leur courage
philanthropique en faveur de l'indigence, et con-
sacrent leur rare et pénétrante éloquence aux bienfaits
de l'enseignement.

Après cette richesse d'induction, il restera à
l'homme de l'art trois principales routes à parcourir :
d'abord, celle de faire avec méthode une juste application de ses connaissances médicales dans les
recherches des symptômes que peut offrir une maladie ; voie sûre d'arriver à l'appréciation et à la

conformité du diagnostic; — en second lieu, aidé de
la narration que doit lui faire son malade, et à
laquelle il est urgent de donner une attention particulière, il devra s'enquérir des causes et de toutes
les conditions qui ont fait naître et qui ont développé l'altération organique qu'il est appelé à combattre; — et puis enfin, en modifiant selon les circonstances l'action médicatrice des remèdes puisés
dans la voie de l'ecclectisme et les secours hygiéniques, il devra ne pas perdre de vue les efforts
de la Nature; et, comme une sentinelle vigilante,
il devra sans cesse chercher à maintenir l'équilibre
des forces vitales, les ramener à l'état normal lorsqu'elles seront trop exaltées, ou bien les exciter si
elles tombent dans l'inertie.

Le premier moyen que nous venons d'indiquer
a l'immense avantage de faire connaître l'organe où
siége l'affection, de calculer sa profondeur et son
étendue; et la gravité et l'ensemble des symptômes qui l'accompagnent, nous donnent en quelque
sorte la faculté de pouvoir préciser à *priori* le
degré et la marche des sympathies deutéropatiques
qui ne manquent guère d'apparaître après les vives
émotions de l'ame.

Au commencement de notre Mémoire, nous avons
dit qu'il n'y avait pas d'effet sans cause; or, il
importe beaucoup, pour triompher de tout état pathologique, d'arrêter, de prévenir, de diminuer

ou dissiper les principes tant redoutés des diverses affections produites par les peines de l'ame. Ici, comme il convient de le faire pour toute maladie physique ou organique, reconnaissant pour cause première tout ce qui peut altérer en plus ou en moins les différents principes, les différents tissus qui entrent dans la composition de notre être, le médecin, en les variant selon le besoin, doit faire un choix des remèdes dont l'action curative est reconnue devoir agir au bénéfice du malade. Mais, dans l'espèce qui nous occupe, la plupart du temps le traitement le mieux combiné reste sans effet, et l'affection, qui s'est développée sous l'influence et la causticité de l'impression morale, demeure stagnante ou agite sans cesse ses aiguillons, et dans ce dernier cas elle s'accroît avec rapidité en redoublant les angoisses, et produisant bientôt la dégénérescence et la mort, par la ruine totale de quelque fonction indispensable à la vie.

Heureux le médecin qui possède un vaste savoir! heureux celui qui, par une brillante et sage philosophie, peut encore ramener l'espérance dans ces êtres infortunés, courbés sous le poids du malheur et de l'exaltation de leur imagination.

On sait la part que prend cette faculté souvent idéale dans la production d'une foule de maladies. Cette propriété de l'esprit peut donc, comme nous l'avons énoncé ailleurs, altérer, augmenter ou diminuer tout ce qui tombe sous les sens, et devenir la cause des phénomènes les plus étonnants. Une irritation cérébrale, une inflammation du parenchyme pulmonaire, le trouble de la circulation, l'exaspération du système nerveux, un dérangement notable dans l'appareil digestif, l'apparition de quelques exanthèmes, d'un érysipèle, etc. ; l'héréthisme musculaire, et d'autres hypérémies générales ou locales peuvent donc avoir lieu sous l'influence exclusive d'une vive affection morale, d'un accès de colère, ou être le résultat d'une joie excessive. Les exemples qni viennent à l'appui de cette vérité se présentent en foule. Nous pourrions citer ceux déjà décrits dans des ouvrages recommandables à plus d'un titre ; mais celui qui arriva à Bordeaux, et qui nous fut transmis par le *Bulletin médical* du samedi 23 juillet 1836, trouve ici naturellement sa place :

« M. L..., ministre du culte hébraïque, possédait un chien qui, dans un accès de fureur, avait mordu son habit à deux reprises différentes. Sujet à une transpiration abondante de la plante des pieds, il avait cru devoir un jour enlever le coton qui garnissait son vêtement pour l'appliquer sur la surface exhalante. Bientôt un imprudent ami lui fait une observation qui le frappe de terreur : l'animal peut être enragé ; sa salive, imprégnant le coton, a pu arriver dans l'économie par voie d'absorption. Il n'en faut pas davantage pour faire croire à l'introduction réelle du virus rabique. M. L... est dans une violente exaltation mentale, il menace de mordre tout ce qui l'entoure et demande le secours avec instance ; il offre presque cette angoisse déchirante qui caractérise un accès de rage. »

Les médecins appelés auprès de ce malade n'ont vu avec raison, dans cet état singulier, qu'une irritation cérébrale dont l'active incubation a eu lieu sous l'influence de l'imagination : ils ont pensé qu'il était fort essentiel d'employer toutes sortes de moyens capables d'agir sur ses facultés, et le traitement le plus simple, mais sagement administré, a été en harmonie avec leur diagnostic.

Si, dans les cas nombreux qui nous occupent, il est de rigueur d'emprunter à la thérapeutique la cohorte des moyens essentiellement applicables pour triompher, en partie ou en totalité, de l'altération d'un ou de plusieurs organes dont les actions réciproques et harmoniques concourent au même but, à l'équilibre des fonctions et à l'existence normale de l'être ; si, dis-je, l'homme qui exerce l'art de guérir obtient, en faveur de ses malades, quelquefois la guérison, d'autrefois l'amélioration d'un état morbide, en employant avec discernement les médicaments simples ou composés que ses connaissances théoriques et pratiques lui suggèrent, il ne doit jamais perdre de vue la cause morbifique, cause déterminante et productrice du trouble survenu dans l'économie. Enfin, c'est ici le cas, avant, pendant et après l'administration des substances médicamenteuses, lorsque surtout leur action est reconnue impuissante et reste sans effet; c'est bien ici le cas, je le répète, de faire jouer tous les ressorts de l'ame, de mettre en manœuvre toutes les ressources de l'esprit humain, et de frapper enfin, en dernière analyse, l'imagination et toutes les sensations susceptibles d'une impression agréable chez les personnes stigmatisées par une affection morale, qui vous accordent leur confiance et se livrent à vos soins et à vos méditations.

En associant ainsi les moyens thérapeutiques et le langage de la persuasion, en devenant surtout le dépositaire fidèle des plus secrètes pensées et des causes qui affligent votre malade, vous êtes assez heureux pour pallier les maux qui gonflent dans son cœur, et qui bientôt peuvent occasionner une hypérémie générale ou congestionner mortellement un organe, produire l'anémie plus ou moins décidée d'un appareil ou de tout l'organisme, déterminer bientôt des névrosténies partielles, bientôt variées et très étendues, et qui quelquefois, dans un instant très court, peuvent amener la mort. Voilà trop souvent les tristes conséquences des affections vives de l'ame.

Sans fatuité, il faut dans ces cas graves que le médecin sache développer aux yeux et à l'ensemble

des sens de son malade les fleurs d'une brillante
rhétorique, semer avec bienséance, sur les routes
ingrates et tortueuses de la vie, les bienfaits d'une
douce et sage philosophie; accorder à de justes
ressentiments la valeur, toute la force et le mérite
des désordres que le désespoir et la contrainte peuvent faire naître; ne jamais contrarier les sanglots
et les larmes; reconnaissant pour cause les peines
corporelles, ou du moins, s'il faut les combattre, ne
le faire qu'avec une opposition convenable, ménagée et bien calculée. Enfin il ne faut pas marcher
au hasard, c'est-à-dire, il n'est pas permis d'ignorer
la constitution physiologique du sujet; il est surtout pressant de réfléchir avec justesse sur la délicatesse, la susceptibilité et la vigueur cachée des
organes, et sur l'éminente mobilité nerveuse qui les
caractérise. Toutes ces considérations, dis-je, permettront à l'homme de l'art de reconnaître, ou au
moins d'atteindre autant que possible, la source
féconde de leur incessante activité, ainsi que du siége
de la maladie.

Bientôt, ou du moins souvent, avec ces données,
l'heureuse application des moyens moraux suffiront
pour apaiser et sécher les larmes, calmer l'exacerbation nerveuse, diminuer la véhémence de la
circulation, et corroborer les systèmes anémiés de
certains sujets. Plus souvent encore, la rémission
d'un trouble organique ainsi obtenue a l'immense

avantage de mieux tolérer l'action directe des secours fournis par la thérapeutique; et il n'est pas
rare alors de voir sous leur nouvelle influence les
maux les plus variés , les douleurs les plus complexes, les altérations les plus profondes, diminuer
d'intensité, et quelquefois céder comme par enchantement à la puissance combinée de l'heureuse
association des remèdes et d'un langage consolateur.

Un triste souvenir, que je voudrais pouvoir taire,
me reporte malgré moi sur les glaces du Nord !
J'ai vu, bien jeune encore, ces phalanges invin-
cibles, échappées au hasard de cent batailles, ces
compagnons fidèles du triomphateur de vingt rois ,
succomber sur la route escarpée de l'ambition, cou-
verts des haillons de la misère, vaincus par les
frimats, mais jamais par le fer : je fus un de leurs
compagnons d'infortune. Un de mes confrères, captif,
comme moi, sur les bords du Volga, me racontait
que dans les derniers jours de novembre 1812 il
était employé à l'hôpital de Wilna. Il faisait le
service dans une salle occupée par quarante de ces
guerriers, tristes débris d'une armée long-temps
victorieuse. Tous, ou presque tous, étaient mutilés
et avaient souffert, pour de graves blessures d'armes
à feu, l'ablation d'une jambe, d'une cuisse ou d'un
bras; quelques-uns étaient retenus immobiles pour des
fractures plus ou moins compliquées. Les soins as-

sidus dont ils étaient l'objet, l'espérance de revoir
bientôt leur patrie, peut-être la certitude et la
garantie de leur avenir (car, des rives de la Duina,
leur pensée les transportait souvent sur les rives
de la Seine, près du dôme doré et des voûtes du
vaste hôtel des Invalides); enfin, sous l'influence
de ces douces impressions, de leur valeur héroïque,
et de l'amour pour la gloire de nos armes, leur
santé ne paraissait pas altérée, et déjà des cicatrices d'une bonne nature réunissaient des lambeaux
qui naguère recouvraient de larges plaies.

Mais les lugubres nouvelles de la déroute de
Moscou, l'approche de l'armée de l'autocrate, la
crainte de tomber vivants au pouvoir d'un ennemi
que l'atmosphère glacée et les tourbillons de neige
accompagnaient en vainqueur, changea soudainement
l'état prospère de ces héros convalescents. Les évacuations étaient impossibles, les moyens de transports manquaient totalement, les distributions n'é-
taient plus aussi exactes; et, sous ce poids acca-
blant, le malheur croissait, le moral s'affaiblissait,
et bientôt les peines de l'ame comblèrent la me-
sure. Enfin, au milieu de tant d'infortunes, les
bénéfices d'une guérison prochaine suivirent une
marche rétrograde: les cicatrices s'ulcérèrent, de
larges tumeurs érysipélateuses apparurent sur les
moignons et s'étendaient bientôt sur toutes les parties des membres amputés. L'inflammation suivait

une marche rapide et ne tardait pas à devenir phleg-
moneuse ; la peau était soulevée par d'abondantes
collections purulentes qui pénétraient même les in-
terstices des muscles, et cette période de la maladie était le prélude certain d'une fièvre intense.
Les organes gastrites, l'estomac et le duodénum,
ainsi que les intestins, devenaient le siége d'une
forte inflammation, qui ne tardait pas à réagir
sympathiquement sur l'encéphale ; la fièvre devenait continue, le délire s'emparait de ces infortunés, les parties primitivement affectées se spha-
célaient et tombaient par lambeaux, et la mort
terminait en peu de jours la scène successive qu'une
main encore tremblante de ces souvenirs achève de
décrire très imparfaitement.

Un mois après ma captivité, qui eut lieu à *Os-
miana*, près *Wilna*, le 7 décembre 1812, je fus
employé dans un hôpital militaire, situé dans la
ville de *Minsk*, en *Lithuanie*. Plus de deux cents
Français s'y trouvaient entassés dans l'enceinte d'une
église, couchés sur de la mauvaise paille et manquant de tout secours. J'ai vu, dis-je, bon nombre
de ces guerriers succomber aux tortures les plus
cruelles, et à ces vives affections de l'ame se joi-
gnaient la stupeur et l'action affaiblissante d'un
froid excessif. La plupart de ceux qui, par une
réaction des forces vitales, résistèrent à ces agents
destructeurs, furent décimés quelques jours plus

tard, toujours sous l'influence des peines de l'ame,
et par la complication d'une maladie non moins
meurtrière et qui s'annonçait avec tous les symptômes du choléra-morbus sporadique : vomissements
continuels bilieux, séreux ; déjections alvines ré-
pétées et involontaires, grises ou brunes, puis
noirâtres, quelquefois semblables à de l'eau de riz ;
contractures des membres ; refroidissement des extrémités, devenant bientôt général ; douleurs très vives
dans l'abdomen, soif ardente, respiration courte,
petitesse et concentration du pouls ; les parties supérieures du tronc étaient souvent baignées d'une
sueur très froide ; les membres étaient agités par
des secousses convulsives, ou bien étaient d'une ri-
gidité en quelque sorte tétanique ; la face devenait
d'une pâleur effrayante ; les yeux caves ; et le pour-
tour des paupières prenait une couleur terreuse...
Enfin, la mort terminait un reste de vie passée
dans des angoisses inexplicables.

J'aurais dû peut-être garder un silence absolu
sur un désastre qui rappelle de si tristes calamités,
et dont un espace d'un quart de siècle n'a pas encore
totalement cicatrisé les blessures ; mais il importe
de recueillir des faits où on les trouve. Et si le faisceau
de mes observations, prises çà et là, offre d'une part
des traits assez liés pour peindre le maximum des
formidables appareils des symptômes causés en partie
par les peines de l'ame ; de l'autre nous cherchons

à saisir l'arme pour les combattre , et pour ramener le rhythme normal des organes lésés.

Nous avons dit ailleurs que les préparations pharmaceutiques , administrées par des mains habiles et bien exercées , pouvaient quelquefois triompher de ces états anormaux , et , plus souvent encore , seconder les forces médicatrices de la Nature. Un moyen non moins puissant , et que nous n'avons que faiblement esquissé , doit être placé ici en première ligne : je veux parler de la thérapeutique morale , source inépuisable qui orne et qui grandit les sentiments de l'homme : savante philosophie qu'on ne peut mieux définir que par les douces expressions de sagesse , science et bonheur. A combien de désordres organiques cette règle , si riche de ses bienfaits , n'a-t-elle pas rendu les fonctions physiologiques ? A combien d'atteintes mortelles de l'innervation , à combien de sujets frappés au sein même de l'organisme , et qui traînaient une existence languissante sous le fardeau des fatigues morales , une brillante érudition n'a-t-elle pas éloigné le terme de la vie ? Si le pinceau d'un artiste pouvait être assez heureux pour créer un tableau qui représentât la somme des misères humaines , avec des effets épars ou groupés , mais dont le coloris , toujours animé , peut fidèlement se réfléchir sur nos sens , de manière à nous retracer la multiplicité et la variable mobilité des affections nerveuses mises en jeu par les chagrins , les peines et les contra-

riétés, nous aurions là une bien grande et majes-
tueuse description de ce véritable Protée qui apparaît
avec des formes aussi variées que les individus qui
en sont atteints. Mais, dans ce chaos tout hérissé de
difficultés, nous pourrions peut-être, avec cette
image, y saisir quelques symptômes-types qui nous
donneraient la clef d'une porte inconnue ; car, tout
en reconnaissant de nos jours les immenses progrès
de la science, nous sommes encore réduits quelquefois à des limites désespérantes. C'est ainsi que,
pour quelques affections générales qui frappent d'une
manière épidémique, ne pouvant déchirer leur voile,
nous employons la pâle explication des causes et des
dispositions inconnues : sinistre solution. Enfin, bien
qu'il y ait sur la terre des hommes doués d'une rare
habileté et pleins de science, il serait bon peut-
être d'établir une chaire spéciale consacrée à l'éloquence médicale, pour pouvoir en expliquer toutes les
difficultés, les ombres, en faire reconnaître les points
obscurs, et, par un effet excentrique, en développer
les rayons de clarté. Toujours est-il que, puisque
les altérations et les desordres organiques sont souvent
déterminés par les causes morales ; les moyens moraux,
au premier rang desquels il faut placer la sage
direction des passions, doivent former la base principale et essentielle du traitement ; et leur influence
sera d'autant plus puissante que les malades seront
plus instruits et les classes de la société plus éclairées.

Tout le monde s'accorde sur ce point, que la plus cruelle maladie est celle du cœur. « Il est affreux d'être séparé de sa mère depuis plus d'un an sans avoir de ses nouvelles, ni de sa tante, » disait une fille auguste il y a bientôt 49 ans. — Les désordres organiques occasionnés par les peines de l'ame se présentent fréquemment ; il faut donc chercher les moyens de les prévenir, de les diminuer ou d'en arrêter la marche lorsqu'ils existent, ou mieux, s'il est au pouvoir des hommes, de les faire disparaître. Établir des préceptes, graver en lettres d'or ceux dont l'application est reconnue efficace ; recueillir les observations qui viennent frapper les intelligences, voilà les premiers rudiments qui doivent servir de base à l'édifice, voilà les véritables supports des colonnes où le cadre indicatif doit être assis pour qu'il soit solide et inébranlable.

Nous avons vu naguère des hommes puissants, placés au premier rang de l'échelle sociale, occupant les postes les plus élevés de l'État, coupables sans doute d'avoir méconnu l'indestructible puissance qui pouvait briser la leur ; nous les avons vus, dis-je, s'affaisser sous l'énorme poids de la captivité. Leur ame, quoique fortement trempée, ne réfléchissait plus sur les rouages de la vie la caloricité nécessaire aux mouvements d'assimilation ; la nutrition était incomplète et mal élaborée ; des douleurs incalculables les poursuivaient dans l'état de veille et agitaient leur sommeil ; et, comme des plantes qui s'étiolent faute d'air et de lumière, leur corps pâlissait sous un voile sombre et les horreurs de la réclusion ; probablement leurs organes n'auraient pu tarder à s'ulcérer et à amener la mort. Eh bien ! lorsqu'un prince magnanime sait prévenir, améliorer ou guérir même quelquefois les déchirantes angoisses et les tortures produites par les peines de l'ame, il faut le dire, il faut le chanter hautement, sa bienveillance et sa philanthropie lui préparent une des plus brillantes pages dans l'histoire de notre époque *.

Existe-t-il des constitutions morbifiques des esprits ? existe-t-il, en d'autres termes, des personnes différemment rétribuées dans la répartition des forces organiques, et qui se trouveraient plus disposées à recevoir l'influence et l'action des causes morales, de quelque nature qu'elles soient ? Bien qu'il puisse y avoir des exceptions à ce principe, je crois devoir répondre par l'affirmative : Oui, pour la généralité des êtres : chacun reçoit les impressions à sa manière,

---

* Acte de forte volonté et d'une pensée généreuse, force intellectuelle ; brillante et sublime auréole où se trouve partout l'expression courageuse du bien ; puissance humaine, génie du XIX.e siècle ; ami et protecteur des sciences et des arts : telle a été la vigueur de ta raison ! En faisant ouvrir les portes fatales de quelques prisons, tu as fait renaître des forces physiques, consolé bien des familles, et rétabli l'équilibre moral d'une grande nation. Que tes bienfaits, et surtout ta clémence, servent désormais de règle aux autres mortels !

comme chacun contemple à sa façon ; et cette solution est si vraie, que l'on observe à toutes les époques, que l'on remarque à chaque pas des frères, étroitement unis par les mêmes intérêts, éprouver les effets variés de la tristesse, du chagrin et de l'ennui : tandis que l'un est frappé mortellement, l'autre ne ressent qu'une émotion passagère, et conserve assez de force pour prodiguer des soins assidus à l'ami que lui avait donné la Nature.

Enfin, il est des personnes qui, frappées par la lente mais incessante action des circonstances, et dont les souffrances sont ignorées, traînent plus ou moins long-temps une vie languissante et pénible. Un de ces hommes à caractère de fer (je veux parler d'un membre du Comité de Salut public, déporté à Cayenne, par la Convention Nationale, après le 9 fructidor), B. V. crut ne pas devoir profiter de la liberté accordée à tous les déportés par l'arrêté des Consuls. Un profond chagrin pesait sur son cœur. Après sa condamnation, sa jeune femme, qu'il avait adorée, et qu'il aimait peut-être encore, profitant de la loi du divorce, s'était remariée. Un négociant de Rochefort, qui fut le visiter à la ferme d'Orvilliers, lui adressait des reproches sur l'indifférence qu'il donnait à sa patrie, puisqu'il pouvait y jouir de ses droits civils. Quand le négociant eut fini de parler, l'homme inflexible lui dit : « Il est des fautes irréparables qui déchirent mon ame sans en émousser

8

le souvenir. » Il mourut quelque temps après, au
Port-au-Prince, d'une de ces maladies désorganisatrices du cœur.

Je devrais terminer ici l'exposé de mes citations ;
car ma plume, mal assurée, ne peut guère franchir
des espaces, ni s'élever sur de hautes régions. Oserai-je
donc marcher sur des lieux immortalisés par des
souvenirs historiques ? oserai-je, enfin, parcourir les
mers et, peut-être, échouer sur l'âpre et aride
rocher de Sainte-Hélène ? Voyageur indiscret, quelle
est ta coupable témérité ! Dans un simple cercueil
ombragé par un saule, peut-être aussi par un triste
et verdoyant cyprès, reposaient naguère encore les
cendres du grand homme.....

> Gigantesque génie, aigle ami des combats !
> Tu fis trembler les Rois, du Danube au Bosphore !
> Leur diadème orna le front de tes soldats :
> Tu n'es plus !.. et ton nom les fait pâlir encore !

Il vécut sept longues années, en face de sa triste
destinée, la tête penchée sur sa poitrine. La plupart
de ses souffrances ignorées décelaient néanmoins
l'affaiblissement progressif de ses facultés physiques ;
mais, par l'ensemble de ses forces morales, dues
à l'action radicale de l'organisme, il sut jusqu'à
son heure dernière se créer une sorte de résignation
factice. Ainsi expira, captif et solitaire, loin de
sa patrie, sur un rocher de l'Atlantique, en proie
aux turbulents soucis et aux rêves agités de l'ambition humaine, le plus grand héros des siècles, après
avoir éclipsé toutes les renommées.

De quelque nature que soient les moyens que le
génie de l'art ait pu mettre en notre puissance pour
dissiper les orages du cœur, il est surtout essentiel,
après avoir obtenu un mieux sensible, de veiller à
ce que la cause première ne puisse renouveler la
maladie ; car les réactions viscérales par cause morale,
lorsqu'elles viennent à récidiver, enlèvent souvent
les sujets. Plusieurs auteurs ont rapporté l'histoire
de la rapidité avec laquelle ces rechutes sont fréquemment mortelles. J'ai déjà relaté quelques observations recueillies dans ma pratique ; je crois donc
devoir m'abstenir de les reproduire par des faits identiques qui, tout en corroborant des circonstances
bien connues, n'ajouteraient rien à leur valeur incontestable.

Toutefois, s'il est toujours ou presque toujours
impossible de prévenir les causes des divers désordres
organiques occasionnés par les peines de l'âme,
puisque les personnes qui en offrent les premiers
symptômes, en reçoivent la plupart du temps les
atteintes au milieu des fêtes consacrées à des réjouis-
sances, le cœur bondissant de gaîté et de bonheur ;
il est au moins permis d'espérer que, par des moyens
sagement combinés, on parviendra à calmer, diminuer, et peut-être aussi à faire disparaître le trouble
désorganisateur qui tend à annuler, à supplicier,
pardonnez-moi l'expression, l'équilibre normal des
fonctions vitales.

Trois principaux rouages, avons-nous dit, — le système nerveux, l'appareil circulatoire et celui de la respiration, — forment, par leur action réciproque, un cercle parfait ou une puissance que nous avons nommée autocratique. Eh bien ! quoi qu'il en soit, c'est toujours un des segments du cercle qui se trouve primitivement affecté, bien que, dans la plupart des cas, les deux autres ne tardent pas à suivre la fâcheuse impression du premier, si toutefois ils ne sont excités d'une manière simultanée.

Les indices qui viennent d'abord frapper l'œil de l'observateur doivent donc fixer ses regards sur la facile mobilité du système nerveux ; et c'est aussi contre ses mouvements insolites qu'il devra se hâter de diriger les moyens capables d'en arrêter l'aberration. Mais bientôt les désordres se compliquent ; les difficultés de la respiration, les lipothymies et les défaillances syncopales se succèdent ; l'orgasme de la circulation abonde par torrents et stagne dans le parenchyme pulmonaire, ou dans les vaisseaux encéphaliques ; et si ces canaux vasculaires résistent à l'effet du liquide, en engouant le premier de ces organes, ou en exerçant une pression trop forte sur les hémisphères cérébraux, cette perturbation suraiguë peut, dans un temps très court, produire de funestes conséquences et amener la mort. Celle-ci est presque toujours soudaine lorsque le fluide sanguin se fait jour par la rupture des parois de ses vaisseaux.

On conçoit que , pour obvier à des accidents qui peuvent se manifester avec une telle cohérence et un tel surcroît d'activité , c'est de la promptitude et de la sagacité du médecin que dépend tout le succès pour enrayer une affection foudroyante. Souvent la rémission de ces graves symptômes s'obtient par des moyens généraux ; la saignée occupe le premier rang. J'ai déjà indiqué la marche qu'il faudrait suivre si , après un premier triomphe , il restait des lésions secondaires à combattre ; et , en tenant toujours compte de la cause déterminante , les nouvelles investigations doivent porter sur les organes qui jouent les rôles les plus importants dans l'économie. Ainsi, le cerveau, le cœur, les poumons, l'estomac et tout le tube digestif devront être explorés avec grand soin ; il faudra examiner , enfin , s'ils n'ont pas été victimes d'une contagion consécutive ou sympathique. D'ailleurs, l'état pathologique de ces divers viscères offre presque toujours des symptômes qui leur sont propres et qui décèlent ordinairement la profondeur et la gravité du mal. L'appréciation et le guide du diagnostic étant ainsi posés , la conduite du médecin ne pourra s'égarer, puisque la bonne voie qu'il doit suivre lui est tracée par les règles prescrites dans les ouvrages de nos maîtres.

Les peines de l'ame ne suivent pas constamment une marche aussi tranchée ; ainsi, elles ne décident pas d'une manière aussi arbitraire l'action vicieuse

et la perte de nos organes. Le plus souvent ces
causalités, tout en reconnaissant pour moteur les
chagrins et les variables tristamies qui viennent nous
affliger sur la route pénible de la vie, n'agissent que
d'une manière lente, cachée, mais dont la constante
stabilité paraît se jouer de tous les moyens qu'on
leur oppose. Il en est aussi dont la nature est au-
dessus des puissances humaines, et qui exercent sur
certaines destinées un vampirisme qui les poursuit
sans cesse.

Enfin, il est des constitutions tellement fragiles,
qu'elles paraissent vraiment absorber les impressions
morales ; tandis que d'autres, placées sous les mêmes
conditions, pourvues peut-être de molécules constituantes plus serrées, ou peut-être plus convexes
(pour donner à notre idée une valeur physique),
n'en reçoivent les influences qu'en en divergeant
l'action. Quoi qu'il en soit, et des lois de la vitalité et
du foyer d'où émanent les impressions morbifiques,
nos sens en sont frappés comme par un choc poussé
par une puissance électrique. Les centres nerveux,
les nerfs grands sympathiques surtout, paraissent les
premiers mis en jeu ; et comme leurs nombreuses
ramifications distribuent à nos principaux organes le
stimulus vital, bientôt apparaissent dans leurs fonctions des modifications anormales, de véritables irrégularités. Il n'est donc pas de désordres, avons-nous
dit, qui ne puisse être produit par les peines de

l'ame. Mais, ne pouvant faire ici l'ensemble complet
de leur histoire, — travail, du reste, qui se trou-
verait bien au-dessus de nos forces, — nous nous limi-
terons à énumérer quelques spécialités qui s'observent
fréquemment, et qui fixeront assez, je pense, les
méditations de nos lecteurs.

Ainsi, en première ligne, nous placerons les affections du système nerveux, se dessinant tantôt par
l'exaltation de l'encéphale, d'autres fois offrant
des névrosténies partielles, plus ou moins étendues ;
la catalepsie, l'émiphlégie, ou d'autres altérations
bornées à un seul organe et enrayant ses fonctions.
Si, par une prédisposition particulière, l'appareil
circulatoire se trouve d'abord frappé par une vive
impression morale, il pourra survenir une apoplexie
foudroyante, ou, en agissant avec moins d'intensité,
une paraplexie ; ou bien, limitant son action sur
une partie du système artériel, produire l'hypertrophie de l'organe central de la circulation, l'ané-
vrisme de l'aorte, etc. Par une de ces causes ignorées,
soumises aux lois désorganisatrices de la Nature, on
voit aussi assez souvent l'atteinte morale localiser son
action dans d'autres tissus, et altérer profondément
certains parenchymes glandulaires. Par la même
influence, la surface cutanée offre aussi quelquefois
des marques évidentes d'altération : ainsi, on a
souvent remarqué que les douleurs poignantes occasionnées par le développement anormal des glandes,

mammaires, devenues d'abord squirreuses, ne tardaient pas à se montrer avec tous les caractères insidieux du véritable cancer *. Les exenthèmes se produisent aussi sous diverses formes : tantôt offrant l'aspect de taches ou pustules scorbutiques ; tantôt affectant le système lymphatique, et déterminant l'affection scrofuleuse, ou de véritables engorgements strumeux ; d'autres fois, des anthrax, ou bien d'autres érythèmes. Enfin, la lèpre elle-même a été observée quelquefois après une vive émotion de l'ame.

Les nouvelles accouchées n'échappent guère aux fâcheuses impressions ; et souvent, à leur approche, le calme ordinaire qui succède après la parturition, et dont elles ont tant besoin pour favoriser les forces radicales de l'organisme qui tendent à ramener l'équilibre de toutes les fonctions, et à en produire de nouvelles, ne tardent pas à être brisées : chez elles toutes les douleurs subites venues du dehors, ou lorsque les espérances de prodiguer leur tendresse et les soins maternels au fruit qui devait embellir leur existence, sont perdues sans retour ; alors, dis-je, par une loi que nous ne chercherons pas à expliquer, mais qui est facile à saisir pour tout médecin physiologiste ; les lochies se suppriment, et l'inflammation de l'utérus et du péri-

---

* Bien que les hommes ne soient pas en totalité exclus de cette affection , c'est presque toujours chez les femmes qu'on l'observe.

toine (affection long-temps désignée par fièvre puer-
pérale) éclate avec violence, avec toutes les conséquences d'une affection suraiguë qui met en péril
les jours de la malade, si une médication rationnelle
ne vient promptement arrêter sa marche funeste et
rapide.

Il est notoire que la métrite et l'inflammation qui se développe dans la membrane séreuse
qui revêt les organes abdominaux, lorsqu'elles reconnaissent pour cause productrice l'influence d'une
émotion pénible, sont toujours de nature grave.
C'est pour avertir le praticien de se tenir en garde,
et de ne pas se laisser intimider par l'insuccès qui
pourrait résulter des premiers moyens mis par lui
en usage, que nous avons cru devoir insister sur
cette circonstance, qui à elle seule mériterait peut-
être une dénomination particulière. Quoi qu'il en
soit, on ne peut ici errer ni se méprendre,—le
diagnostic est évident,—et la conduite du médecin,
qui sans cesse doit tendre à ramener la sécurité
et à calmer l'esprit de ses malades, trouvera dans
les calmants sédatifs, et surtout dans la persistance
des moyens anti-phlogistiques, la puissance certaine
de rétablir l'équilibre des fonctions, et celle non
moins importante de dissiper l'orage, en ramenant
l'arc-en-ciel de salut, la paix de l'ame. Enfin,
c'est bien ici le cas de rappeler cette maxime aussi
brillante que hardie, professée par une notabilité

de l'école moderne : « Le médecin doit savoir *juguler* les maladies dans leur période aiguë ; sans cela elles passent à l'état chronique. »

Mais, il faut le dire, le choc *électrique* ne produit pas toujours *à priori*, et d'une manière aussi tranchée, l'aberration ou l'exaltation du système nerveux ou de l'appareil circulatoire. Souvent, dis-je, les organes ne paraissent nullement souffrir du lourd fardeau qui pèse sur l'existence de quelques êtres riches au *maximum* de résistance morale ; et s'il en est qui succombent dans un jour, il en est d'autres qui ne vieillissent qu'abreuvés par de longues douleurs, et qui combattent avec une force stoïque la constance du souffle des tempêtes.

Dans ces derniers cas, les altérations organiques restent d'abord inaperçues : les victimes, en comprimant leur ame, cherchent dans l'ombre et la solitude tous les moyens d'en étouffer les symptômes ; et ce n'est que pressées par d'affreuses tortures qu'aucune espérance ne vient adoucir, qu'elles s'efforcent en vain de maintenir le voile sur l'ulcère rongeur qui ne tarde pas à vicier l'ensemble des fonctions.

Sauf quelques rares particularités, et qui tiennent sans doute à des tempéraments spéciaux, c'est toujours ou presque toujours sur l'estomac et la continuité du tube digestif, le foie, le cœur, les poumons ou l'encéphale, que l'agent provocateur

des causes morales exerce son action, bien qu'ordinairement, pour arriver à ces foyers organiques,
le premier point de contact soit porté sur les centres
du grand nerf sympathique, et que, par les nombreuses irradiations de celui-ci, il soit ensuite di-
rigé sur un des rouages de l'économie.

Si les moyens thérapeutiques employés contre les
maladies aiguës sont d'une grande valeur dans les
affections chroniques, on conçoit d'avance que leur
mode d'administration doit être soumis à des règles
qui en modifient les doses, et qu'une foule de circonstances doivent, par le même motif, en hâter ou
plus souvent encore en retarder l'application, c'est-
à-dire la modérer, et surtout en mesurer le temps.
Effectivement, dans le premier cas, c'est de l'exécution prompte des moyens préventifs et curatifs
que dépend le salut des malades, et c'est encore
ici le cas de justifier l'expression dont nous nous
sommes servis plus haut, et à laquelle on ne peut
donner d'autre signification que celle qui doit nécessairement émaner des manœuvres de l'homme de
l'art, que nous supposons suffisamment riche de
connaissances théoriques et pratiques.

En rapportant ici l'histoire fidèle de quatre observations de métro-péritonites aiguës, survenues peu
de jours après des accouchements naturels, je ne
crois pas établir une digression inutile et hors de
mon sujet; car les deux dernières surtout offrent

un intérêt qui doit fixer l'attention de tout lecteur consciencieux.

Première Observation. En ma qualité de chirurgien-militaire, dans le mois de septembre 1833, j'étais spécialement chargé du service de santé des quatre escadrons du 9.ᵉ régiment de chasseurs à cheval, stationnés aux environs de Rocroy (Ardennes) , lorsque je fus appelé pour donner des soins à une femme qui était en travail d'enfant, depuis douze heures environ. La matrone qui l'assistait, avait déjà fait plusieurs tentatives infructueuses pour extraire le fœtus du sein de sa mère. A mon arrivée, l'œil aussi bien que le toucher me firent aisément reconnaître la main droite d'un enfant à terme, dont l'extrémité des doigts dépassait de deux ou trois lignes l'orifice vulvaire; le conduit vaginal et toutes les parties génitales étaient desséchés, tuméfiés, et d'une grande sensibilité. Cependant cette femme, déjà mère de plusieurs enfants, était fortement constituée, et, avec quelques précautions d'usage, je parvins, non sans peine, à introduire ma main jusque sur les parties latérales du tronc; quelques minutes me suffirent pour aller à la recherche des pieds, et ces derniers furent amenés au dehors. Les parties supérieures, pressées par quelques légères contractions de la matrice, suivirent de près, et l'accouchement se termina d'une manière heureuse. Débarrassé du premier, ou, si l'on veut, du second produit de la gestation, l'organe utérin, plus libre, ne tarda pas à se contracter de nouveau, et bientôt après je fus averti de la présence d'un second enfant; déjà un bras s'était engagé dans l'excavation du petit bassin. Les circonstances primitives éclairaient ma conduite, je les suivis avec bonheur, et les cris des deux nouveaux venus attestaient leur puissance de vitalité et leur bonne constitution. Les forces de l'utérus n'étaient pas totalement épuisées, car, dix minutes après, cet organe se débarrassa de deux énormes placentas. Tout fut pour le mieux : le calme qui succède ordinairement aux douleurs de l'enfantement développa ses pavots; un sommeil tranquille s'empara de tous les sens de la nouvelle accouchée, et lui fit oublier ses souffrances. Cette mère, poignardée par la misère, sortit trois heures après de cette douce extase, pour recevoir les caresses d'une nombreuse famille, et pour prendre un léger bouillon que lui avait préparé la générosité chrétienne de quelques dames de.... Une quête, à laquelle prirent part MM. le général Saint-Geniés, commandant la brigade de cavalerie du camp de Rocroy; Hautreux, lieutenant-colonel du 9.e régiment de chasseurs, et tous les officiers du même corps, assura à cette famille les moyens nécessaires de s'alimenter pendant plus d'un mois.

La constitution robuste d'une femme de 28 ans me fit pronostiquer son prompt retour à la santé :

rien, du reste, n'était venu, pendant et après l'acte
de la parturition, contrarier mes prévisions. Effectivement, le troisième jour qui suivit sa délivrance,
elle se leva et s'adonna une partie de la journée
aux soins de propreté qu'exigeaient ses deux nour-
rissons et son ménage ; mais, soit qu'elle se fût livrée
à des fatigues trop prolongées, ou peut-être à
quelque écart de régime, dès le lendemain elle fut
saisie d'un mouvement fébrile assez intense ; les
lochies se supprimèrent, toute la région abdominale
était tendue et très douloureuse. À huit heures du soir,
je me rendis auprès de la malade : aux symptômes
que je viens de donner, se joignait une rétention
d'urine ; la respiration était difficile, la face rouge
et animée ; la sensibilité de la région sus-pubienne
ne tolérait pas le toucher le plus léger ; le pouls
était plein, dur, et donnait cent vingt pulsations
par minute.

Je sondai immédiatement la malade, et retirai
plus de deux litres d'un liquide assez chargé en couleur ; une saignée du bras fut pratiquée, et un caillot
sec, presque sans sérosité, reçu dans une écuelle,
fut pesé : il enlevait un poids de 550 grammes.
— *Prescription* : Fomentations émollientes sur la région hypo-gastrique ; diète sévère, et, pour boisson,
une légère infusion de fleurs de mauves, agréablement édulcorée avec le sirop de gomme ; repos
parfait. Le jour suivant, à huit heures du matin,

il ne restait des signes de l'affection aiguë que la sensibilité des parois abdominales, ou mieux des organes de cette cavité ; le pouls n'offrait plus que 90 pulsations ; la langue, dont nous avons omis de parler, était moins sèche, la soif moins intense.— *Prescription* : trente sangsues à l'hypogastre, cataplasme émollient après leur chute. La malade accusant de la difficulté pour aller à la garde-robe, il lui fut donné un demi-lavement avec la décoction de graine de lin ; diète, même tisane que la veille. Dans la journée les lochies reparurent, et avec cette évacuation, résultat ordinaire du travail de l'enfantement, tout état anormal disparut, et la malade put dès-lors, sans interruption, se livrer à ses pénibles occupations.

Deuxième Observation. Elle est consignée dans ma thèse inaugurale, et fut recueillie, en 1825, à l'île de Léon (Basse-Andalousie), sur la nommée M... C..., âgée de 28 ans, et douée d'une forte constitution. Ses couches, qui eurent lieu le 25 octobre, furent des plus heureuses. Le 26, tout annonçait que la nouvelle accouchée pourrait dans un court délai reprendre ses occupations domestiques ; mais des imprudences, qui faillirent trancher ses jours, vinrent mettre un terme aux bienfaits de la Nature. Le 27, on célébra cette fête d'usage (le baptême) qui, en Espagne, comme dans beaucoup d'autres pays, réunit les parents.

Or, il arriva que, pendant que les conviés se livraient à une gaîté folle, excitée chez eux par l'abus des liqueurs alcooliques, la femme se plaignit de légères douleurs à la région lombaire, résultat inséparable du travail de l'enfantement. La matrone, femme ignorante, et du nombre de celles qui ne manquent jamais un festin, se chargea de calmer les douleurs. A cet effet, elle administra à la malade 250 grammes de vin chaud bien sucré, dans lequel elle avait mis de la canelle, et lui laissa prendre quelques aliments. Bientôt on vit éclater un orage formidable : l'écoulement lochial se supprima, la peau devint sèche et brûlante, l'abdomen douloureux et balonné, la respiration pénible et haletante; une douleur poignante se fit sentir au côté droit de la poitrine; à ces symptômes se joignait une toux, d'abord sèche, et qui fut bientôt accompagnée d'une expectoration sanguinolente; la face était rouge, et les lèvres offraient une teinte violacée; le pouls dur et plein donnait 120 pulsations par minute. Je pratiquai une saignée de 470 grammes au bras droit, et mis la malade à une diète sévère, prescrivant pour tisane l'eau d'orge perlé; on administra deux demi-lavements émollients à une heure d'intervalle. Les symptômes n'ayant pas diminué, je renouvelai la saignée, qui procura une rémission marquée du côté de la poitrine : néanmoins la malade poussait des cris lamentables, et rapportait dans ses entrailles le siége de ses plus fortes douleurs. Une application de vingt sangsues à la partie supérieure et interne de chaque cuisse, et des fomentations émollientes souvent renouvelées sur l'abdomen, enlevèrent presque entièrement les douleurs intestinales. Une heure après la chute des sangsues, les lochies reparurent, et vers les huit heures du soir cet écoulement avait repris son cours naturel; une chaleur aliteuse remplaça la sécheresse de la peau, et, dans la nuit, une douce moiteur couvrit l'organe cutané. La malade recouvra dès le lendemain ses sens fortement altérés depuis l'administration du vin chaud, et n'éprouva, pendant les quatre premiers jours qui suivirent ces accidents fâcheux, que de légères coliques, qui furent promptement calmées par des demi-lavements émollients, et par l'usage d'une potion anti-spasmodique.

Troisième Observation. Pendant le mois d'août 1830, j'ai eu l'occasion d'observer deux métro-péritonites survenues sous l'influence d'impressions morales tristes. La femme qui fait le sujet de la première était âgée de 24 ans, d'une constitution robuste, et mère de deux enfants. Ses dernières couches, qui dataient du 23 juillet, furent des plus heureuses, et le 2 août elle s'occupait déjà, avec le plus tendre amour maternel, des soins de sa jeune famille. Elle avait satisfait à ces devoirs

9

religieux qui conduisent ordinairement les nouvelles
accouchées au pied de l'autel pour rendre grace
au Seigneur du prompt retour de leur santé, et
du triomphe de leur délivrance. Enfin, elle avait
repris ses forces, et toutes les fonctions s'exécu-
taient chez cette jeune dame dans l'état le plus
normal, lorsque le 10 août, à sept heures du soir,
des nouvelles qu'on lui avait cachées vinrent dila-
cérer son cœur, et la plonger dans des convulsions
violentes. Son mari, forcé de faire un voyage dans
la capitale, pour des affaires commerciales, y était
mort le 30 juillet, à la suite d'une fièvre perni-
cieuse. Elle le crut au nombre des victimes que le
plomb meurtrier moissonna au hasard durant les
trois mémorables journées, et cette amère pensée
alimenta son ame, et développa toute la cohorte des
symptômes de l'inflammation aiguë de l'organe utérin
et de la membrane péritonéale.

Les secours de l'art furent réclamés immédiatement : mais l'état d'agitation de la malade, et les
souffrances qu'elle rapportait sur tous les points de
son corps, attribuées en grande partie à la susceptibilité du système nerveux, ne permirent pas d'attaquer *illicò* le trouble qui pouvait exister dans les
organes logés dans la cavité abdominale ; et, d'ailleurs, n'omettons pas de dire que dans cette confusion générale et insolite, bien que l'époque peu
éloignée des couches pût nous conduire à quelques

inductions, le vrai diagnostic n'en restait pas moins obscur et difficile.

La prudence, peut-être, vint tendre son voile, car notre conduite fut à peu près expectante. Nous limitâmes notre prescription à une simple potion anti-spasmodique, et les parents de la malade furent chargés de passer la nuit et de chercher à calmer son esprit exalté par de douces exhortations morales.

Le lendemain matin, douze heures après l'accident, les symptômes nerveux étaient sensiblement diminués, et nous pûmes constater l'existence d'une métro-péritonite et, certainement aussi, l'irritation de la muqueuse gastro-intestinale.—Chaleur sur toute la périphérie, sans moiteur; pouls plein, mais se laissant déprimer, et donnant 110 pulsations par minute; tête assez libre; langue sèche, pointillée, et rouge à sa pointe et sur ses bords; douleur prononcée à la région épigastrique, quelques nausées; abdomen tendu, balonné, très sensible au toucher; urines rares; ténesme, suppression du lait. Les contractions involontaires des muscles de la face, à de courts intervalles, continuaient à provoquer de impulsions bizarres; et les mouvements rapides et convulsifs des globes oculaires donnaient à ces scènes de douleur un tableau tout-à-fait nouveau pour moi, et, je puis le dire, effrayant pour tous les autres assistants. — *Prescription* : trente sangsues sur l'épigastre, fomentations émollientes sur tout l'abdomen ; décoction' de graine de lin et une tête de pavot pour deux demi-lavements dans la journée ; pour tisane, légère iufusion de fleurs de mauves, édulcorée avec le sirop de gomme ; diète sévère.—A quatre heures du soir, rémission notable de tous les symptômes ; nuit assez calme, mais sans sommeil.

Le 12 au matin, le mieux se soutient ; mais la sensibilité et la douleur persistent à la région hypogastrique. — *Prescription* : trente sangsues sur cette partie ; le reste comme la veille.—Amélioràtion marquée ; dans la nuit, trois heures de sommeil. Le 13, santé presque complète ; la malade demande à prendre un bain de propreté dans sa chambre ; il est accordé pour le 14 ; — même tisane et deux demi-lavements. Le bain est pris le jour indiqué ; — on accorde une soupe légère matin et soir. Du 15 au 20, les aliments sont augmentés graduellement, et toutes les fonctions s'exécutent normalement.

La santé de cette dame paraissait ainsi suffisamment rétablie ; la reprise de ses occupations domestiques, et les soins qu'elle donnait à son petit nourrisson, âgé de 28 jours, pouvaient du moins le faire pressentir ; mais il est évident que la cause morale qui avait provoqué tous ces désordres occupait encore toutes ses pensées ; aussi le frais coloris de sa figure, et l'embonpoint qu'elle avait perdu durant cinq ou six jours de maladie, ne reparurent point; elle donnait souvent des larmes à la douleur que provoquait la moindre circonstance et le souvenir de la perte de son mari , et, sans aucun trouble manifeste dans les fonctions organiques , elle accusait néanmoins des douleurs aiguës sur la région hypogastrique , dont le siége pouvait être rapporté à l'utérus, et une constriction pénible vers l'épigastre , dont on ne pouvait attribuer la cause qu'à l'impression ressentie par les ganglions des nerfs grands sympathiques; car les diverses pressions exercées sur l'estomac n'y faisaient naître ni douleur, ni augmentation de sensibilité, et , d'autre part , tous les indices d'irritation gastrique avaient complètement disparu.

Les dix derniers jours du mois d'août s'écoulèrent comme nous venons de l'exposer; mais le 1.er septembre, vers dix heures du matin, les angoisses de cette jeune dame redoublèrent d'intensité. Des intérêts de famille amenèrent la conversation sur un terrain d'où devait naître la source d'un trouble désorganisateur : effectivement, la mobilité du système nerveux ne tarda pas à être ébranlée ; une syncope assez prolongée succéda aux mouvements convulsifs des extrémités , et après la cessation de tous ces accidents, vers cinq heures du soir , la malade paraissait avoir perdu l'usage de la raison ;

elle divaguait, — ses yeux étaient hagards; et, si parfois elle avait un moment de calme, elle accusait un cercle de douleur parcourant la circonférence de la tête, et dont le point de départ paraissait fixé vers la région temporale du côté droit. Je ne vis la malade que le lendemain, et, outre les symptômes que je viens d'énoncer, la métro-péritonite reparut avec une telle véhémence, que les secours de l'art les plus hardis, et sagement administrés, restèrent sans aucune puissance; et deux jours après, la mort, sourde et muette aux plaintes d'une famille éplorée, força d'ouvrir la terre et de sillonner dans ses flancs la tombe aspirante des générations humaines.

Quatrième Observation. Elle se présente non moins compliquée que celle dont je viens de tracer l'histoire fidèle. Toutefois, la personne qui en fait l'objet, après avoir éprouvé pendant six mois les douleurs les plus complexes, présenté les symptômes les plus variés, fut assez heureuse pour atteindre un degré de santé approchant du *bien*, et qu'elle dut à des moyens divers.

Cette dame, F. B..., âgée de 22 ans, d'une constitution assez forte, primipare, avec toutes les circonstances heureuses, d'un enfant du sexe féminin, le 17 mai 1830, était totalement remise des douleurs et du malaise inséparables du travail de la parturition, lorsque, le 28 du même mois, elle apprit que son mari venait de succomber à une attaque d'apoplexie, en allant visiter une de ses propriétés.

Cette lugubre nouvelle développa d'abord quelques secousses convulsives des membres thorachiques, et fit couler des larmes abondantes. Une heure après, ces premiers accidents disparurent, et la myotilité volontaire parut frappée d'atonie générale. L'encéphale éprouva aussi le choc de l'impression morale : cet organe central, point de contact d'où émanent les agents du sentiment et du mouvement, ne fut pas épargné ; l'intellect était sensiblement affaibli, et les autres organes des sensations partageaient au même degré l'affaissement de l'intelligence. Toutefois ces graves symptômes n'étaient pas permanents, et, à des moments indéterminés, la malade recouvrait toute sa raison ; les larmes accompagnaient ces instants lucides : on en profitait pour lui adresser des paroles de consolation, et pour lui donner des remèdes qu'elle ne refusait jamais. Elle embrassait alors son enfant avec passion, et nous disait éprouver un sentiment pénible, profondément situé vers la région épigastrique, et sur toute la base du thorax.

Jusqu'au 7 juin suivant les choses se passèrent ainsi. Rien ne fut négligé pour réveiller les sens engourdis, et délivrer l'organe cérébral de l'état comateux où il paraissait plongé plusieurs heures dans la journée, principalement depuis trois heures du soir jusqu'à minuit *. Les anti-phlogistiques et les anti-spasmodiques furent tour-à-tour employés ; ces derniers furent administrés par les premières voies, par le *rectum*, à l'aide des lavements, et enfin par la méthode endermique. Les révulsifs sur les extrémités inférieures furent d'un grand secours ; le sulfate de quinine fut aussi employé, et contribua puissamment à faire disparaître la périodicité que nous avons signalée. Dès cet instant, on s'était à peu près rendu maître des symptômes de l'innervation ; je dis *à peu près*, car si on en avait grandement diminué la violence et la durée, on en avait aussi retardé les accès, qui n'apparaissaient plus qu'à cinq ou six jours d'intervalle. Cette amélioration notable permit de constater l'existence d'une métro-péritonite, que sa marche lente, et cachée par les désordres primitifs, n'avait pu faire soupçonner jusqu'alors. Enfin, la tension et la sensibilité de l'abdomen, la douleur profonde de la région lombaire, la grande diminution du lait, la suppression totale d'une matière presque purulente et assez abondante que la malade rendait encore par le vagin le jour où elle s'alita, et une fièvre assez intense, ne permettaient plus le doute sur l'étiologie ; d'ailleurs, d'après ce qui vient d'être dit, le diagnostic était facile.

---

* Il est à remarquer que madame F. B. reçut le 28 mai, à trois heures de l'après-midi, la fatale nouvelle qui provoqua tous ces désordres.

Il fallut donc songer à combattre ces graves accidents ; le moindre retard aurait compromis les
jours de notre intéressante malade. Le même jour
7 juin , on fit une application de 25 sangsues
sur le ventre ; on ordonna des fomentations émollientes, après leur chute. Dans la même journée,
on administra deux demi-lavements avec la décoction de graine de lin et une tête de pavot ;
diète, infusion de fleurs de mauves pour boisson :
— la nuit fut inquiète, pas de sommeil. Le 8, la
persistance des douleurs vers l'organe utérin , et
les forces de la malade d'autre part, nous auto-
risèrent à réitérer la saignée locale par le même
nombre de vers aquatiques ; pour tout le reste ,
comme la veille. Le 9, mieux sensible, trois heures
de sommeil ; langue large et humide ; néanmoins,
les forces de la malade s'étaient considérablement
affaiblies , et cette prostation ne nous permettait
plus de recourir aux évacuations sanguines ; il
fallut même accorder des aliments , et c'est ce que
l'on fit avec prudence et toutes les précautions hygiéniques. On employa avec succès les onctions
mercurielles , qui furent continuées jusqu'au 16
juin.

L'ancre de salut nous paraissait être fixée sur
un terrain solide ; mais les circonstances nous ap-
prirent bientôt qu'il n'était retenu que par un sable
mouvant, et que le moindre souffle d'une nouvelle

tempête pouvait, sinon faire échouer toutes nos
espérances, du moins ballotter encore dans l'in-
certitude les bienfaits obtenus par des manœuvres
constantes et dirigées par un esprit judicieux et
une main habile : — je devais cette reconnaissance
de confraternité à l'amitié et aux hautes connaissances médicales du collègue qui a bien voulu
m'appeler trois fois en consultation, et qui a puissamment contribué à tracer cette observation.

Cette veuve inconsolable, animée par l'amour
maternel poussé jusqu'à la passion, avait écarté
toutes nos propositions pour les soins ultérieurs
que nécessitait son enfant, à qui une seconde
mère devenait cependant indispensable, car il y
avait déjà huit jours que le lait de la malade avait
entièrement disparu, et les liquides qu'on ingérait
dans l'estomac du jeune être, soit à la cuillère ou
au moyen d'un biberon, ne paraissaient nullement
convenir à ses organes frêles et délicats; il lui
fallait une nourriture mieux appropriée, une alimentation plus naturelle. Enfin, une bonne nour-
rice s'étant présentée, on lui confia le fruit innocent,
objet de tant de sollicitudes. Pour mon compte,
je redoutais cette séparation; je calculais d'avance
la débilité de la malade, et sa facile impressionnabilité.

Des intérêts domestiques ne permirent pas à la
mère salariée de prolonger son séjour chez ma-

dame F... B...; elle partit trois jours après, le 19 juin. Cette séparation fut cruelle : les larmes de la malade coulèrent en abondance ; des sanglots précipités dilataient et resserraient sa poitrine, et deux heures s'étaient à peine écoulées, que la scène affligeante du 28 mai reparut avec toute la cohorte des symptômes nerveux : convulsions et délire pendant une heure et demie, puis affaissement complet et coma. — *Prescription* : potion éthérée, synapismes au haut des pieds ; lavements légèrement stimulants.—A midi, même état : on renouvelle les synapismes aux mollets, et 25 sangsues sont appliquées sur le trajet des jugulaires. La saignée locale est assez abondante, mais la malade reste toujours plongée dans le même état léthargique. A deux heures, la musique d'un régiment d'infanterie de ligne, le 40.ᵉ, passe dans la rue, exécutant une marche tirée en partie de l'opéra du *Barbier de Séville*. Les ondulations sonores de l'orchestre militaire, dont la marche fut un instant interceptée par l'encombrement de quelques voitures qui se disputaient le passage, firent, pendant cinq ou six minutes environ, vibrer l'atmosphère que nous respirions dans l'appartement. Je ne sais si cette douce harmonie communiqua un ébranlement favorable aux organes assoupis : mais ce qui est incontestable, c'est que le mouvement vital et l'impression des sensations, qui

jusqu'alors étaient restés languissants, se réveil-
lèrent peu à peu, et que la malade nous avoua
quelques instants après, avoir entendu très dis-
tinctement des clarinettes et des instruments en
cuivre, et qu'aussitôt elle avait éprouvé un tremblement dans ses entrailles; au même instant, le
pouls se releva et devint isochrone aux mouvements
du cœur, que nous ne pouvions qu'imparfaitement
apprécier quelques minutes auparavant.

Le *mieux* suivit une marche progressive, et le
1.er juillet, sans avoir entièrement récupéré ses
forces et son embonpoint ordinaire, notre malade
pouvait enfin, dans l'intérieur de ses appartements,
se livrer à quelques exercices; et, suivant nos conseils, le 6 du mois d'août, elle quitta Lyon pour
aller visiter les Pyrénées, où elle fit usage des
thermes de Saint-Sauveur.

L'aspect escarpé de ces somptueuses montagnes,
dont les pyramides élevées paraissent servir de
colonnes de support à la voûte azurée ; la riante
variété de leurs vallées ; l'air pur et embaumé
qu'on respire durant la belle saison ; les cas-
cades et les torrents multiples qu'on y observe,
grossissant par la fonte des neiges, et roulant
avec rapidité et fracas sur les flancs inclinés de
ces remparts indestructibles leurs eaux écumantes,
mille fois battues et brisées par les crêtes hérissées
et tranchantes que présentent les surfaces inégales

des rochers ; les irrigations artistement dirigées sur
quelques points moins âpres où la Nature laisse
reposer quelques pouces de terre végétale , jettent
à des distances assez rapprochées , et à une élé-
vation de mille à douze cents toises , des tapis
de verdure dont les produits suffisent à l'entretien
de nombreux troupeaux , et donnent à une population laborieuse , riche de fraîcheur et de santé ,
les moyens d'y établir de petites bourgades où
elle se réunit , avec les produits de ses travaux ,
pour lutter contre la saison rigoureuse des hivers. Toutes ces images, tous ces fidèles tableaux,
diversement coloriés par l'intelligente et inimitable
Nature ; le contraste , dis-je , de tous ces curieux phénomènes encadrés par d'énormes masses
calcaires et granitiques , impriment toujours aux sens
la contemplation et l'admiration de la puissance
infinie de l'architecte de l'univers ; et , comme on
voit en général les innombrables familles du monde
végétal s'incliner en silence vers le grand astre qui
les vivifie, l'humanité s'incline avec respect à la
vue du merveilleux , de la grandiose majesté et
de l'imposant spectacle si fièrement posé sur ce point
de la surface du globe.

Soumise ainsi à l'influence de l'émotion que fait
naître la localité , à l'admirable et indicible sympathie que tout être éprouve à l'aspect du vaste mi-
roir de la nouveauté , on voit souvent l'existence

absorber par tous ses pores une douce et vivi-
fiante émanation du ciel, et la trêve momentanée
des souvenirs et des circonstances pénibles de la
vie, permettre le rappel des forces et l'harmonie
des rouages organiques.

Si, plus avide des curiosités produites par les
efforts de la Nature, l'étranger visiteur désire gra-
vir sur les points les plus culminants, et arriver
sur les régions super-aériennes des chaînes des Pyrénées, alors ses regards se perdent dans l'immensité des chaos. Au premier abord la Nature paraît
bouleversée. Cependant Flore habite encore ces lieux
tristes et sauvages, et le zonaire, cristal ceint de mille
facettes éblouissantes, vient de toutes parts briller
à sa vue. Le naturaliste trouve encore, presque à
la hauteur des neiges perpétuelles, le moyen d'embellir la collection de son herbier, et surtout d'enrichir son cabinet minéralogique.

Mais descendons les deux mille toises de ces mo-
numents gigantesques respectés par le marteau du
temps : laissons-là le naturaliste passionné s'occuper
de la recherche de ses plantes et de ses cristaux;
abandonnons même le zoologiste ou l'avide et intrépide chasseur contemplant l'aigle qui plane dans
les airs, et admirant l'agilité et l'inconcevable adresse
des isards (chamois des Pyrénées), bondissant et
franchissant les fentes les plus inaccessibles des rochers ; il est temps d'achever l'observation de la

jeune veuve que nous avons laissée dans le hameau pittoresque de Saint-Sauveur ; du moins, suivons les progrès du *bien* qu'elle a trouvé dans ce site enchanteur.

Elle habite une de ces somptueuses maisons que l'aristocratie financière de Luz * a fait élever par la superposition du marbre et du granit. Les appartements y sont vastes et richement décorés. Elle en est à son douzième bain, et déjà elle sent ses forces doublées et ses douleurs sensiblement diminuées ; elle se livre à quelques promenades sur la terrasse où jaillissent les miraculeuses sources onctueuses qui embellissent ce superbe établissement : merveilles de la Nature, qui apparaissent à la surface du sol avec une chaleur bienfaisante et une composition mystérieuse que nos meilleurs chimistes ne pourront jamais qu'imparfaitement imiter.

Enfin, notre malade peut jouir des mille tableaux accidentés qu'offre la plaine ou plutôt le bassin de Luz , formé en entonnoir d'une circonférence de près de deux lieues , et d'où l'œil et l'esprit découvrent sans cesse de nouveaux charmes enfantés par le génie créateur. L'assise des chaînes élevées des Pyrénées pourrait trouver son point de départ sur les bords fertiles de ce plateau arrosé par le Gave de Gavarnie et le Bastan de Barèges. Trois fois , dans

---

* Chef-lieu de canton, à dix minutes de distance de St.-Sauveur, et à une lieue de Barèges.

la saison d'été , les bras nerveux du faucheur jonchent
sur ce sol les produits abondants de la végétation ,
et trois fois les prairies émaillées de fleurs se couvrent
d'un gras pâturage.

Le 10 septembre , un mois après son arrivée , la
malade était assez bien rétablie pour pouvoir parcourir les sinuosités tracées pour l'arrosement de cette
vallée toujours verdoyante , et que Florian aurait
certainement chantée s'il avait connu cette contrée. Le
contraste des perspectives , la diversité des tableaux ,
et les images sans cesse renaissantes qu'on y rencontre ,
pourraient même donner matière à plus d'un poëme.
Quoi qu'il en soit , cette jeune dame que nous avions
vue deux mois auparavant luttant entre la vie et la
mort , stentée par la douleur et des souvenirs amers ,
avait acquis assez de courage pour se livrer à des in-
cursions ascendantes sur des points assez élevés ; et
plus d'une fois son pinceau , guidé par une main
assurée , avait posé sur la toile l'esquisse de quelques
touffes de hêtre et de tilleul qui garnissent la partie
cultivée de la base de ces indestructibles montagnes.
Une de ces peintures , prise du pont de Luz , re-
présentait les ruines des deux tourelles antiques qu'on
aperçoit non loin du petit village d'Esquièze , sur un
rocher presque isolé, s'élevant comme un cône tronqué,
et sur lequel existait jadis un château appelé Sainte-
Marie. * C'est à Paris , dans le mois d'avril 1832,

---

* La mémoire de ce monument, si jamais il exista, se transmet
par les habitants du pays , de génération en génération ; et , encore

que j'ai eu occasion de revoir madame F. B. ; et, en me remerciant de la coopération que j'avais pu prendre dans les soins qu'avait exigés sa grave maladie, elle se félicitait surtout de son voyage aux eaux de Saint-Sauveur, où sa santé s'était notablement raffermie. « Le souvenir de mes malheurs ne s'effacera jamais de ma mémoire, me disait-elle ; mais j'avoue, avec une bien vive reconnaissance, que l'aspect des Pyrénées, en occupant les sens par leur grandiose extraordinaire, contribue puissamment à alléger les peines du cœur. »

On voit donc qu'un des plus puissants moyens d'accroître la vitalité et d'imprimer une énergie nouvelle à des organes affaiblis ou altérés par les peines de l'ame, afin de faire oublier, si je puis m'exprimer ainsi, à toute l'économie les causes incessamment agissantes, s'obtient assez souvent par un changement de climat, et en plaçant son malade sous d'autres influences hygiéniques. Les voyages, disent la plupart des écrivains, réunissent les avantages de l'exercice et du changement de lieu ; aussi leur utilité a-t-elle paru incontestable à la presque totalité des praticiens. Sous ce rapport, l'usage des eaux minérales des quatre établissements thermaux des Pyrénées, Barèges, Bagnères, Cautérets et Saint-Sauveur, prises

---

aujourd'hui, c'est un point de station où le jeudi-saint la foule abonde pour y chanter des prières.

sur les lieux, est déjà avantageux, indépendamment
de l'utilité corroborante et souvent sédative qu'elles
peuvent offrir par les substances qu'elles tiennent en
dissolution, et que les eaux artificielles ne peuvent
pas remplacer. Ces dernières manquent toujours des
conditions premières ; car les principes essentiels (je
n'entends nullement parler de ceux qui, jusqu'à ce
jour, sont restés inconnus aux analyses chimiques) ne
peuvent s'y trouver associés au même degré de satu-
ration, et le filtrage le mieux approprié qu'on pourrait
leur faire subir ne pourra jamais égaler les moyens
employés par la Nature. Peut-être aussi faudrait-il
prendre en bonne considération la topographie médicale du pays, sa combinaison atmosphérique, si inférieure à celle de la plaine, surtout à raison de
sa moindre pression ; enfin cet air si pur, sec, vif,
et si richement doté par l'abondante exhalaison des
plantes aromatiques qui gazonnent la surface du sol
de cette contrée, et qui ne peut jamais manquer d'entretenir dans l'économie une stimulation heureuse. *

Après cette digression, à laquelle je donne cependant
une haute importance, je rentre dans la discussion,

---

* L'art est bien loin de pouvoir en tout imiter la Nature : or, je
le répète, les différentes analyses qui ont été faites sur les eaux
minérales naturelles des Pyrénées, par des hommes du premier
mérite, offrent des résultats si opposés, que nous sommes en droit
d'en conclure que les eaux minérales artificielles, manquant de
tout caractère physique, ne sont que des *enfants bâtards*, dépourvus des principes, des conditions premières et des *vertus* de
leur *mère*.

et je dis qu'en rapprochant les quatre dernières observations il est aisé de les comprendre dans le même
cadre nosologique, au moins pour tout ce qui a
trait aux circonstances premières, à quelques prédispositions souvent inévitables et résultant du travail de
l'enfantement ; enfin, à l'affection réelle et aux organes compromis. Mais il est facile ici d'en séparer
les causes provocatrices : en effet, d'une part elles sont
physiques et matérielles, de l'autre elles sont toutes
éventuelles et morales ; or, nous voyons avec quelle
promptitude nos deux premiers malades ont échappé
aux désordres d'acuité. D'où il suit que, pour tout médecin instruit, la première indication qui doit fixer son
devoir, c'est d'éloigner et de faire disparaître, autant
qu'il est en son pouvoir, la cause qui provoque ou qui
a provoqué l'état pathologique : ainsi, dans les maladies
chirurgicales, nous voyons le médecin extraire des
corps étrangers des tissus anormaux, dégénérés, introduits ou développés dans la profondeur de nos organes ; d'autrefois donner issue à une collection
purulente, élaborée dans nos propres tissus ou dans
nos cavités. Pour un autre ordre de maladies, classées
dans le vaste champ de la pathologie interne ; comme
dans les premiers cas, il doit soustraire son malade à
toutes les influences qui peuvent faire naître un trouble
dans l'économie, et, s'il est déjà développé, le combattre par les moyens rationnels que l'art met en
sa puissance.

Dans l'espèce qui nous occupe, dans les impressions vives de l'ame, l'agent provocateur jette d'abord
un trouble primitif dans l'innervation, et de ce désordre insolite sur les centres nerveux, bientôt par
le moyen de leurs nombreuses ramifications, par
leurs irradiations sympathiques, enfin après des
symptômes plus ou moins généraux du système
sensitif, du trouble de la circulation ou de la respiration, apparaît la surexcitation des autres appareils, ou leur impuissance d'agir. Et ici, disons-le
bien, si la valeur thérapeutique, même aidée par
les forces médicatrices de la Nature, parvient à
triompher de ces phénomènes multiples, il y aura
toujours à craindre, dans une foule de cas, la ré-
cidive des désordres généraux, ou la persistance de
l'altération d'un ou de plusieurs organes ; on voit
même fréquemmment leur dégénérescence survenir
par le résultat funeste d'une incubation lente et
cachée, due aux causes morales, aux passions dé-
lirantes de l'imagination et aux sentiments exaltés,
n'apparaître au grand jour que lorsqu'elle est revêtue
d'un caractère de chronicité : empreinte souvent ré-
fractaire aux puissances de l'art.

Il n'est que trop démontré à quel point les affections morales tristes, les contrariétés, la terreur,
le chagrin, et tout ce qui porte une influence capable d'émouvoir et de produire des impressions
pénibles, disposent l'organisme à recevoir l'action

qu'exercent les agents du monde extérieur sur notre
économie, à exaspérer souvent les maladies existantes,
et enfin à amener des perturbations violentes du
système nerveux.

J'ai eu à traiter, en 1837, une dame âgée de
soixante ans, d'un tempérament nerveux et sanguin,
mère de dix enfants, et qui n'avait jamais éprouvé
de maladie grave. Dans les premiers jours d'août,
cette dame, demeurant à Paris, à l'avenue Boufflers,
près l'École Militaire, eut à supporter des paroles
outrageantes qui blessaient sa délicatesse, qui pouvaient compromettre la paix domestique et jeter le
trouble dans une nombreuse famille.

Bien que les faits allégués contre sa probité re-
montassent à une époque déjà très éloignée, les
injures qu'elle reçut la frappèrent jusqu'à l'ame et
produisirent un accès de colère qui occasionna bientôt
la pâleur de la face, un malaise général accom-
pagné de lassitude, de dyspnée, d'une chaleur de
toute la périphérie du corps, principalement vers
l'estomac, et d'une vive douleur à la région épigastrique. Elle s'alita le même jour, et le lendemain elle éprouva de fréquentes nausées, qui furent
bientôt suivies de vomissements réitérés d'une grande
quantité d'un sang noirâtre en partie coagulé, et
mêlé de mucosités.

Cette hématémèse aiguë et accidentelle ne recon-
naissait évidemment pour cause déterminante qu'une

vive et profonde affection morale, que l'irritation hâtive et insidieuse du système sensitif; et, par coïncidence, l'état de la muqueuse gastrique se modifia de telle sorte, que l'abondante évacuation sanguine qui eut lieu à des intervalles très rapprochés pendant les premières vingt-quatre heures, par les vomissements et même par les voies inférieures du tube digestif, donna les plus vives inquiétudes, et aurait infailliblement occasionné la mort de la malade si des soins bien entendus n'avaient été promptement administrés.

La spontanéité de cette hémorrhagie nous interdirait sans doute la possibilité de pouvoir donner des idées exactes et précises sur sa nature, et surtout d'énoncer rigoureusement le mode d'altération des organes qui en étaient le siége, si les belles considérations de Bichat sur l'exhalation ne venaient nous guider pour en expliquer le mécanisme.

Nous savons donc aujourd'hui que les diverses exhalations normales qui s'opèrent sur les surfaces et dans les cavités de nos organes sont nécessaires, utiles et indispensables pour l'exécution des lois de la vie et le maintien régulier de l'organisme animal. Nous savons aussi que la sensibilité de cet ordre particulier de vaisseaux peut être modifiée de manière à être augmentée ou diminuée, et que du défaut d'équilibre entre les produits de ces derniers et la filtration des humeurs, qui s'opère par l'action

non moins active des voies absorbantes, naît souvent
l'embarras, le trouble, le désordre, quelquefois même
l'arrêt momentané ou la suspension totale des fonctions organiques. Enfin, l'exhalation sanguine, par
suite d'une modification maladive des vaisseaux exhalants de la muqueuse gastrique ou intestinale, a
été assez souvent remarquée par les médecins modernes. Nos anciens maîtres ont laissé dans leurs
écrits des traces évidentes qu'ils avaient aussi recueillies de semblables observations : le *morbus niger*
d'Hippocrate, et le *rejectio sanguinis* d'Arétée et d'A-
lexandre de Tralles, ne laissent aucun doute, et
viennent à l'appui de ces faits. Mais avant Bichat,
hâtons-nous de le reconnaître, il régnait un obscurité complète sur les phénomènes d'exhalation ;
du moins l'état des connaissances médicales n'auto-
risait pas alors à en donner des explications satis-
faisantes.

Aujourd'hui encore, malgré les progrès incontestables de la science, et la bonne voie tracée par
l'illustre auteur que nous venons de citer, l'exhalation reste une fonction sur laquelle nous ne pos-
sédons pas des renseignements assez positifs. La
structure particulière de ces vaisseaux villeux, ténus,
et à peine visibles, qui paraissent prendre naissance
dans le système capillaire, réclame donc de nouvelles recherches. Les hommes de l'art de notre
époque sont appelés à méditer sur cet intéressant

sujet : espérons que leurs travaux ne seront pas stériles, et qu'après nous avoir démontré, d'une manière physiologique, tout ce qui est relatif aux fonctions naturelles des exhalants, ils arriveront, par de consciencieuses investigations, à nous faire connaître les véritables altérations que ces vaisseaux éprouvent par un stimulus direct ou sympathique, afin que nous puissions apprécier d'autant les causes des transsudations morbides qui peuvent s'opérer sur les surfaces de nos organes, soit que ces fluides divers soient déposés par surabondance et destinés à séjourner dans nos cavités, ou bien, comme cela a lieu pour les muqueuses et la surface cutanée, qu'ils soient destinés à être expulsés au dehors.

Enfin, les exhalaisons sanguines, occasionnées par les peines de l'ame, ne sont pas des phénomènes fort rares ; il est sans doute peu de praticiens qui n'aient eu occasion de noter de semblables transsudations anormales ; et la dame qui nous a fourni l'observation dont nous avons déjà tracé l'historique, ne dut réellement son salut qu'à des moyens moraux exercés sur son intelligence, aux soins affectueux et au bon esprit de tous les parents de la malade, qui surent merveilleusement seconder et exécuter tous les conseils donnés par le médecin traitant. Cependant, en terminant ce narré, je dois ajouter qu'une saignée du bras fut pratiquée ; on prescrivit la diète, et l'usage de la racine de grande consoude, en tisane et en sirop.

Les vomissements et les déjections sanguines cédèrent à l'aide de ces simples moyens ; mais pendant plus d'un mois les forces de la malade restèrent atténuées.

Dans le mois d'août 1833, pendant mon séjour au camp de Rocroy (Ardennes), j'ai donné des soins à une couturière, âgée de 16 ans, qui se trouva pendant quelques minutes fortement pressée par deux militaires à qui les vapeurs du vin avaient fait perdre la raison et oublier les devoirs sacrés de l'honneur. Les cris de cette jeune personne appelèrent du secours ; elle échappa ainsi à de mauvais traitements, et à des violences auxquelles elle ne pouvait long-temps résister, tant la frayeur avait paralysé ses forces : on la transporta chez ses parents, qui habitaient un fort joli village (La Chapelle) situé sur les frontières de la Belgique. Dès le lendemain, après plusieurs accès convulsifs, des lipothymies fréquentes, des lassitudes continuelles, elle éprouva des nausées qui furent bientôt suivies de vomissements abondants d'un sang noirâtre, en partie coagulé et mêlé avec des matières hétérogènes ; des évacuations de même nature eurent également lieu par les voies inférieures du canal intestinal. Cette hématémèse compliquée fut victorieusement combattue par les saignées générales et locales ; le petit lait, l'opium, la thridace, les lavements froids amilacés et laudanisés ; les synapismes et les vésicatoires sur les extrémités inférieures ; la tisane de riz édulcorée avec le sirop de grande consoude ;

enfin la glace , en petite quantité , fut aussi admi-
nistrée et avalée en morceaux.

Par la combinaison de ces divers moyens , dès le
troisième jour on vit tous les symptômes s'apaiser ,
et disparaître entièrement au cinquième ; mais aussitôt
que cette jeune personne voyait un militaire portant
l'uniforme indiquant le régiment auquel appartenaient
ceux qui avaient voulu la contraindre de céder à leur
passion brutale , la double hémorrhagie récidivait
avec des signes avant-coureurs non moins intenses,
et un caractère aussi menaçant que lors de la première
apparition. La thérapeutique précédemment employée
triompha constamment des désordres produits par l'affection morale ; mais ces désordres ne disparurent ,
pour ne plus reparaître , que lorsque le régiment
s'éloigna de la garnison.

Les hémorrhagies des membranes muqueuses par
exhalation morbide , ménorrhagies , hématuries , hé-
moptysies , hématémèses , etc. , reconnaissent donc
souvent pour causes déterminantes les influences fâcheuses de l'ame. Pour être convaincu de cette vérité,
outre les faits que les médecins peuvent certainement
recueillir dans leur pratique , il leur sera toujours
facile d'enrichir leur mémoire par la lecture de semblables irrégularités des fonctions organiques , en consultant avec quelque attention les immortels ouvrages
de Gallien, de Morgagni, de Hoffmann, de M. Latour,
Bonnet , etc. Et parmi les nombreuses observations

rapportées dans le *Dictionnaire des Sciences Médicales*,
on trouve au vol. 20, p. 105, celle qui a trait à une
femme qui avait un accès d'hématémèse toutes les fois
qu'elle voyait son mari, qui, par ses mauvais traitements, avait donné lieu à la maladie dont elle était
atteinte.

Les nosologistes qui se sont spécialement occupés
des maladies des femmes, nous ont fait connaître à
quel point les affections morales agissent sur l'ensemble
de leur organisation ; combien est facile leur impressionnabilité; combien chez elles est manifeste la susceptibilité du système nerveux ; combien elles sont diversement influencées selon l'époque de la vie où on les
observe; combien, enfin, les lois qui régissent l'ordre
de certaines fonctions peuvent, à la moindre contrariété, recevoir des modifications anormales et jeter un
trouble insurrectionnel dans les dispositions et les
règles prescrites par la Nature. C'est surtout lorsque
les femmes sont chargées de veiller aux soins que né-
cessite cette période importante où le fruit de la reproduction se développe, qu'il est pressant de leur prodiguer cette tendre sollicitude qui naît du vif intérêt
qu'elles inspirent. C'est alors qu'il faut bien savoir
éluder toutes les circonstances capables de troubler les
phases et l'équilibre embryogénique et fœtal ; car pour
cet être faible de nouvelle formation, ainsi que pour
l'éréthisme et la turgescence qui succèdent au grand
acte de la conception dans l'organe gestateur, le

moindre phénomène peut faire éclater des orages formidables.

Il serait trop long d'énumérer ici toutes les maladies
qui peuvent survenir dans le cours d'une grossesse ,
pendant le travail de la parturition , ou après la délivrance ; et si je m'arrête un instant sur une de ces
affections véhémentes qui , au dire de quelques auteurs ,
est constamment mortelle , c'est parce que , parmi les
causes extrêmement multiples et variées qui la font
naître , on doit placer en première ligne les émotions
vives de l'ame , telles que la colère , la terreur , la
tristesse , les chagrins , une nouvelle inattendue , la
joie , etc.

Les convulsions puerpérales se présentent, il est vrai,
avec des symptômes diversement nuancés ; et la difficulté de les classer sous une de ces formes infinies ,
caractérisées seulement avec d'autres altérations du
système nerveux , par la perversion des mouvements
musculaires , en a rendu une classification , faisant
autorité, presque impossible à établir. Voilà pourquoi
quelques auteurs , et notamment MM. Merriman ,
Vogel , Burns , Devées , etc. , ont cru devoir les rassembler sous les dénominations de *tétaniques* , de *cata-
leptiques* , d'*hystériques* , d'*épileptiques* , d'*apoplecti-
ques* , de *choériques* , etc. Mais , aujourd'hui , il
paraît évident , d'après le dire de la plupart des auteurs
modernes , et comme l'a très bien écrit M. le professeur Velpeau , dans son grand ouvrage de Tocologie

théorique et pratique , il paraît bien évident , dis-je , que les convulsions des femmes enceintes , en travail , et en couches , diffèrent le plus souvent des affections convulsives des autres états de la vie , et qu'il vaut mieux , à l'exemple de Sauvages , Hamilton , Désormeaux , etc. , en faire une maladie distincte , et lui conserver le nom d'*éclampsie* , à moins , comme le dit encore le savant professeur que nous venons de citer , qu'on ne préfère le terme de *dystocie* convulsive , usité par Young.

L'éclampsie est heureusement fort rare ; mais lorsqu'elle survient sous l'influence des causes citées plus haut , elle doit être regardée comme une affection très grave. On l'a observée dans toutes les saisons , à tous les âges , sous toutes les températures ; et bien que toutes les femmes puissent en être frappées , il est cependant vrai de dire que celles qui sont jeunes , qui ont un tempérament éminemment nerveux , qui sont délicates , irritables , vaporeuses , et qui se trouvent enceintes pour la première fois , y sont plus exposées que les autres.

D'après l'opinion générale , ce n'est ordinairement que depuis l'époque de la viabilité du fœtus que les convulsions puerpérales , proprement dites , ont été observées ; ou du moins on n'en cite que très peu d'exemples avant les six premiers mois de la gestation.

L'éclampsie peut se déclarer d'une manière brusque , inopinée ; cependant , la plupart du temps ,

l'accès est annoncé par des symptômes avant-coureurs, toujours graves, alarmants, précédés d'a-
gitations violentes, générales ou partielles ; des
convulsions spasmodiques et bizarres des muscles
de la face; des mouvements désordonnés des viscères et des membres. Enfin, la durée de ces phénomènes remarquables n'est pas moins variable que
leur intensité, et souvent les lésions organiques
qui en sont le résultat, conduisent à la manie,
quand la terminaison n'en est pas plus funeste. La
mort, dans certains cas, frappe presque au début
d'un premier ou d'un second accès, et il suffit
quelquefois de dix minutes, comme dans l'exemple
cité par Denman. La femme dont parle M. Schedel,
n'a pas survécu douze heures ; celle de Hamilton fut prise à neuf heures du soir, et succomba
à dix heures, le lendemain matin; enfin, Chaus-
sier, M. Shaw, M. C. Baudelocque, et bien d'autres écrivains, ont rapporté des faits semblables.

Pour les nombreuses complications, pour l'infinie variété des causes qui peuvent amener l'é-
clampsie, pour en étudier les préludes symptomatiques et les douleurs errantes qui la précèdent
ou qui l'accompagnent, ainsi que pour établir les
régles générales ou spéciales du traitement, il est
facile de prévoir d'avance que nous ne pouvons
pas ici nous charger d'en indiquer la sympto-
matologie, ni de donner la logique explication

des médications diverses que l'art possède contre ces convulsions, et qui doivent toujours être calculées selon une des périodes que nous avons déjà signalées, et enfin, suivant le degré d'intensité que présente l'ensemble de ces troubles profonds et trop souvent désorganisateurs.

Dans l'exposé que nous venons de tracer sur une de ces terribles maladies que le médecin le plus instruit ne peut pas toujours maîtriser; dans cette perturbation où se trouve alors l'harmonie des rouages de la vie; lorsque la surexcitation générale ou partielle de l'organisme a franchi toute limite et confondu tous les rapports d'action; on conçoit l'embarras du diagnostic. Dans ces cas, conjecturer sur l'avenir n'est pas chose facile; et, bien que nous n'ayons que d'une manière assez superficielle, à la vérité, esquissé quelques traits qui pourront néanmoins, dans quelques circonstances, servir de guide fidèle pour préciser tous les phénomènes caractéristiques de l'éclampsie, du moins nous aurons suffisamment éveillé, je pense, l'attention des praticiens, et dès-lors ils ne pourront manquer de prudence, ni de ce zèle bienfaisant et courageux que donne la science. Mais si, pour l'esprit de nos lecteurs, nous nous sommes rendus coupables d'une trop grande réserve sur les moyens thérapeutiques qu'il convient de mettre en usage dans l'intérêt des malades, nous croyons pouvoir

nous relever de ce reproche par les propositions
suivantes, extraites de l'article remarquable or-
nant cinquante pages du 2.ᵉ volume du *Traité
complet de l'Art des Accouchements*, par M. Alfred
Velpeau (2.ᵉ édition), et dont nous ne saurions
assez conseiller l'étude :

Les convulsions dites puerpérales peuvent être
générales ou locales, n'affecter qu'un ou plusieurs
membres, la face ou quelque autre partie du corps,
un ou plusieurs viscères où la Nature a fait entrer une membrane charnue ; enfin, elles peuvent
envahir tous les muscles soumis à l'empire de la
volonté, comme aussi dépendre d'une surexcitation
des muscles de la vie organique.

Comme on ne peut contester que l'éclampsie ne
soit une affection qui se lie plus particulièrement à
l'état de grossesse, aux douleurs de l'enfantement
et aux phénomènes morbides qui surviennent dans
l'organe gestateur après la délivrance, c'est presque
toujours l'utérus qui en est le point de départ.

Comme on le verra plus loin, l'éclampsie dif-
fère de toutes ou de la plupart des autres affections avec lesquelles on l'a souvent confondue,
et à ce titre elle mérite de faire une maladie distincte.

Les convulsions puerpérales sont rares avant le
sixième mois de la grossesse, et à peine si les auteurs
en rapportent quelques exemples avant cette époque.

C'est à partir du huitième mois, pendant le travail, et après la délivrance (ce qui constitue trois périodes), qu'on les observe communément. Les primipares, toutes choses égales d'ailleurs, y sont plus exposées que les autres, surtout si elles sont douées d'une forte et pléthorique constitution, si elles ont la fibre sèche, la face très animée, le col court, et si elles sont sujettes aux maux de nerfs.

L'éclampsie peut dépendre d'une irritation générale, ou de la distension extrême qu'acquiert l'utérus vers la fin de la grossesse. Dans ce dernier cas, la pression qu'en ressentent les gros troncs vasculaires et nerveux du bassin, ainsi que l'aorte, expliquent certainement la gêne qu'éprouvent les humeurs à traverser les organes contenus dans l'excavation pelvienne et la cavité abdominale : de là le refoulement de ces fluides et l'excitation du système encéphalo-rachidien ; de là l'infiltration des extrémités inférieures, œdème qui a long-temps fixé et qui fixe encore l'attention des accoucheurs.

L'excès de sensibilité de l'organe gestateur ; la surabondance des eaux ; la présence de deux fœtus, leur mauvaise position, et toutes les circonstances mécaniques capables d'empêcher ou de retarder l'accouchement, peuvent faire naître l'éclampsie.

L'éclampsie peut débuter d'une manière brusque et inopinée, éclater comme la foudre ; ou bien

11

l'accès est annoncé par des signes avant-coureurs, tels que des bouffées de chaleur à la tête, des étourdissements, du trouble dans les idées, des hallucinations, de la gêne dans les mouvements, un air d'hébétude, un regard effrayé, l'injection de la conjonctive, la rougeur de la face ; de la céphalalgie, de la difficulté dans la parole, un état vif des yeux, des mouvements convulsifs des muscles de la figure, des soubresauts dans les tendons des membres, de l'irrégularité dans le pouls ; quelquefois les membres se tordent, se contractent, se fléchissent et s'étendent avec rapidité et une force étonnante ; le tronc se renverse sur son plan postérieur, comme le font volontairement la plupart des bateleurs ; l'occiput se rapproche des talons, qui finissaient par se toucher dans un cas observé par Baudelocque.

L'éclampsie peut revêtir tous les caractères de l'apoplexie et déterminer promptement la mort. On commettrait une erreur fort grave si, pour reconnaître l'existence des convulsions puerpérales, l'on attendait la manifestation de tous les symptômes signalés dans le précédent paragraphe : ils ne sont pas toujours constants ; ils manquent en partie dans le plus grand nombre de cas, comme il arrive encore qu'après la disparition d'un accès, certaines fonctions restent perverties ; enfin, on voit assez souvent les symptômes se succéder avec une extrême rapidité, et, par un contraste inexplicable, quelquefois la malade passe d'un état d'agitation au calme le plus absolu.

L'éclampsie se termine par le rétablissement de la santé, par la mort, ou en faisant naître une autre maladie. Quand la guérison doit survenir, les accès s'éloignent de plus en plus ; s'ils se rapprochent, c'est en se prolongeant de moins en moins. L'assoupissement, la torpeur, le coma se dissipent par degrés, et la femme semble sortir d'un long rêve. Si au contraire la tête s'embarrasse, si les attaques augmentent d'intensité en se prolongeant, si les symptômes comateux l'emportent sur les phénomènes convulsifs, la mort est à craindre.

Le pronostic de l'éclampsie est en général défavorable. A en croire quelques auteurs, les femmes qui en sont atteintes meurent presque toutes (*Hunter*, *Parr*, *Jacob*). D'autres professent une opinion contraire, et prétendent qu'on en guérit plus des deux tiers (*Rhyan*, *Gehler*, etc.) En comparant les divers travaux publiés jusqu'à nos jours, en consultant les divers relevés statistiques, et surtout le tableau annexé à l'ouvrage que nous avons cité plusieurs fois dans le cours de cet article, nous croyons devoir établir que, malgré le traitement le plus rationnel et le mieux entendu, la mort a lieu dans près de la moitié des cas :

Résultat de M. le professeur Velpeau.—21 *cas* :

Pendant la grossesse 7 , dont 2 mortes ; guéries , 5.
Pendant le travail   5 , dont 2 mortes ; guéries , 3.
Après la délivrance   9 , dont 4 mortes ; guéries , 5.

        21   8   13

Les deux observations d'éclampsie que nous avons recueillies dans notre pratique, et que nous rapportons dans le présent Mémoire aux pages 129 et 134, bien qu'elles soient mises en regard de deux autres observations qui n'ont trait qu'à l'inflammation de l'utérus et du péritoine, doivent néanmoins, pour tout esprit médical, constituer de véritables convulsions puerpérales. Les symptômes que nous pûmes constater dès le début de la maladie, offraient à la vérité quelque chose de fugace, d'incertain ; et, de plus, l'existence de la métro-péritonite aiguë nous parut de prime-abord masquée, chez nos deux malades, par les mouvements insolites du système musculaire. Toutefois, nous fûmes bientôt conduits, par la considération de tous ces phénomènes, à estimer que la suspension totale et subite des lochies, outre l'agacement produit par l'impression morale, pouvait bien dans nombre de cas, par les voies nombreuses de l'absorption, permettre la rentrée, dans le torrent de la circulation, de quelques fluides hétérogènes plus ou moins altérés, et qui ne pouvaient tarder alors de retentir sur tout l'organisme , d'émouvoir anormalement toutes les fonctions, en imprimant de nouvelles secousses à l'unité d'action de la puissance nerveuse. C'est du moins ainsi que semblent le supposer *Powel* et *Burns*, le premier en attribuant l'éclampsie à un transport d'action de la matrice sur les centres nerveux, et le second en croyant que l'irritation se transmet de l'utérus au cordon rachidien par l'intermède des nerfs hypogastriques. Ces assertions, que nous admettons pour le plus grand nombre de cas, se trouvent fortifiées par l'opinion déjà émise de plusieurs écrivains; elles paraissent du moins logiques pour les accès d'éclampsie survenus après la délivrance, car l'examen nécroscopique des femmes mortes dans le cours de cette période a presque toujours offert des traces variées de phlegmasie, soit dans les viscères abdominaux, soit dans l'organe utérin. D'un autre côté, les insignifiantes lésions signalées par d'autres auteurs ne sont d'aucune importance, ne laissent aucune marque appréciable snr le cadavre ; de manière que l'anatomie pathologique , et les recherches les plus minutieuses sur de prétendues altérations des tissus composant la substance de nos organes, ou des épanchements séreux ou sanguins dans leurs cavités, n'apprennent véritablement rien sur la nature de l'éclampsie , et que, pour la cause du mal, on est encore obligé d'implorer le vague et l'inconnu , ou d'accuser un état nerveux indéfinissable.

Sans nous arrêter davantage sur les causes pré-
disposantes ; après avoir démontré le peu de fixité
qui règne encore, dans la science, sur les désordres
et la marche de l'éclampsie ; après avoir disserté
succinctement, à la vérité, sur sa terminaison fâcheuse ou le retour à la santé, avoir fait connaître
l'opinion de quelques écrivains sur la difficulté du
diagnostic, et avoir reconnu après la mort l'insuffisance des lésions cadavériques, pour pouvoir
nous rendre compte de la gravité des symptômes
observés pendant la vie, il est temps, dis-je, d'a-
border un point de doctrine d'une très haute importance, et sans la connaissance duquel il nous
serait impossible de vaincre ; je veux parler du
traitement.

Toutes les médications imaginables ont été peut-
être employées pour combattre les convulsions puerpérales : les anti-spasmodiques, les anti-phlogistiques, les calmants, les narcotiques ; les révulsifs
externes, sétons, moxas, vésicatoires, ventouses
scarifiées, promenées sur tous les points des membres
pelviens, etc., ont été combinés, prescrits et administrés sous toutes les formes ; et, nonobstant ces
méthodes variées et tant préconisées, on est encore
à se demander aujourd'hui quelle est celle qui
compte le plus de succès.

Nous n'avons ni la prétention d'en dresser le
tableau, ni de voir de quel côté peut pencher la

balance; mais ce qu'il nous est bien permis d'é-
tablir, c'est que plus les moyens thérapeutiques
propres à combattre une maladie sont multiples,
et plus on est en droit de douter de leur efficacité;
j'explique ma pensée :

Pour certaines affections à caractères tranchés,
l'art possède des médicaments héroïques décorés
de la brillante dénomination de *remèdes spécifiques*.
Les sels extraits de l'écorce du Pérou, par exemple,
bien administrés, agissent presque toujours avec
certitude contre la périodicité des fièvres intermittentes. Les diverses combinaisons mercurielles, données à propos, neutralisent avec non moins d'as-
surance l'âcrimonie de la syphilis. On ne peut
également méconnaître la spécificité des préparations sulfureuses contre certaines affections cutanées.
Eh bien! à ces thérapeutiques spéciales on ne
reconnaît point de véritables succédanés; les pré-
tendus équivalents n'ont souvent fourni que des
mécomptes, et ruiné l'espérance de plusieurs théo-
riciens. Or l'éclampsie, qui se présente sous des
formes et à des degrés si variés, ne peut être guérie
par une médication toujours semblable, et la
marche la plus rationnelle à suivre en pareil cas
est donc de faire la médecine des symptômes, et
de puiser la plus sûre défense dans le vaste champ
de l'ecclectisme.

Ainsi, outre les moyens généraux dont nous avons
déjà parlé, le médecin devra consulter l'état de

la malade, et examiner si les convulsions ne dépendent pas de causes constituant une des trois
époques, la grossesse, le travail, ou les suites de
la délivrance. Dans un de ces cas, il y aurait encore à décider sur l'emploi de quelques autres ressources que je ne puis mentionner ici, mais que
l'homme de l'art, le médecin-accoucheur surtout,
ne doit pas ignorer.

Enfin, en dernière analyse, et pour nous ré-
sumer sur les moyens thérapeutiques, nous dirons
que selon la nature des convulsions, ou leur analogie avec d'autres affections, l'hystérie, l'épilepsie,
l'apoplexie, une pléthore séreuse, ou quand il y a
menace d'inertie, il faudra combiner le traitement d'après l'exigence d'une de ces complications.

Cette longue digression ne peut être regardée hors
du sujet que nous traitons; car pour tout médecin,
ainsi que pour la plupart des classes de la société,
les maladies des femmes, comme l'a dit Virey,
dépendent souvent d'un état de violence contre les
impulsions de la Nature. Nous ajouterons que les
abus d'une part, et la plus rigoureuse austérité
de l'autre, portent une atteinte funeste à leur constitution. Nous savons, du reste, que dans nos villes,
dans les classes surtout où l'abondance de la nourriture, l'oisiveté et le luxe entourent les jeunes personnes, leur existence n'est qu'une série continuelle

d'émotions diverses. Douées d'une sensibilité vive,
susceptibles souvent à l'extrême, elles sont dans des
conditions morales tout-à-fait propres à recevoir
des secousses profondes, dont l'influence réagit d'ordinaire sur l'utérus ou ses annexes Nous pouvons
donc affirmer que les affections morales sont les
causes les plus fréquentes des maladies qui nous
occupent; et si nous persistons à les signaler comme
très redoutables, c'est qu'en raison des sympathies
qu'elles éveillent dans les rouages de la vie, il
n'est pas rare de voir survenir une inflammation
chronique dans un organe, même éloigné, sans
que ni la malade ni le médecin puissent toujours
assigner une cause rationnelle aux altérations de
certaines parties constituant notre être, aux désordres fonctionnels de certains systèmes ou appareils, et aux sensations perverties, souvent provoqués par les peines de l'ame.

Nous savons aussi que l'individualité de la cause
déterminante peut avoir une permanence durable.
En effet, la pensée du malade peut être long-temps
fixée sur un revers de fortune, sur la perte d'un
objet chéri, sur des troubles domestiques, des révolutions politiques. L'exil, ce lourd fardeau des
vicissitudes humaines, peut aussi mettre un terme
prochain à notre existence. Et, certes, dans une de
ces circonstances, qui rendra les biens perdus?
La mélancolie, compagne de celui qui a beaucoup

souffert, reste souvent empreinte sur les traits par
des caractères ineffaçables.

Une de ces constitutions de fer, qui, dès ses
plus jeunes années, se voua à la carrière pénible
des armes pour la défense et la liberté de son
pays; le général Mina, trois fois chassé, ou, pour
mieux apprécier les faits, trois fois fugitif pour
échapper à la condamnation capitale, fut rappelé
ou rentra trois fois sur le sol qui le vit naître,
pour donner son appui au triomphe de la cause
nationale. Dans le mois de janvier 1837, Mina
est mort d'un cancer à l'estomac. Si je n'avais eu
occasion de m'entretenir avec ce général espagnol,
dans l'été de 1835, lorsqu'il était aux eaux ther-
males de Cautérets, je pourrais avoir quelque doute
sur l'existence de la cause et de l'affection qui l'a
conduit au tombeau : mais, je le répète, il attri-
buait lui-même ses souffrances aux vives impressions morales de sa vie agitée, aux malheurs de
sa patrie, aux nombreuses privations et aux dangers qui l'avaient mille fois menacé.

Loin de moi l'idée de vouloir rappeler ici le
triste sort d'un gigantesque génie !.. ce nom, désormais domaine de l'histoire, ne souffre aucun paral-
lèle... mais la lecture des journaux ne nous a-t-elle
pas appris, dans le temps, qu'on peut également,
sur un rocher de l'Atlantique, succomber à un cancer
de l'estomac, développé sous l'influence des peines
de l'ame et de profondes méditations?

Tous les hommes consciencieux partagent cette
opinion ; tous les médecins connaissent la gravité
de ces désordres, tous savent aussi combien ces
maux sont réfractaires aux préparations pharmaceutiques. Nous dirons donc que, si l'action des
substances médicamenteuses peut dans quelques cas
amener une modification heureuse, dans le plus
grand nombre il devient indispensable de leur asso-
cier des succédanés variés, à puissance directe sur
la sensibilité et l'intelligence.

C'est souvent dans l'art de faire naître des il-
lusions nouvelles qu'il faut savoir chercher les
moyens de convaincre les ames torturées par des
chagrins profonds, et dont l'âpreté et l'acidité cor-
rodent les organes et paralysent ou perturbent leur
force radicale par l'ébranlement anormal d'une vir-
tualité inconnue. C'est par de douces émotions,
suggérées par le flambeau inépuisable de la philosophie, qu'on obtient souvent un calme momentané et des modifications inespérées, chez ces êtres
subjugués par la douleur. C'est en détournant leur
imagination du gouffre brûlant des vicissitudes,
qu'on arrive enfin à rétablir l'équilibre des rouages
de la vie chez ces infortunés, trop préoccupés par
les rapports d'un légitime regret. L'art de bien
dire et de persuader peut tracer des images et
des tableaux riants à puissance magique, et faire
naître l'espérance d'un meilleur avenir. Cette science,

acquise par l'usage du monde, trouve ici son application, et se révèle par ses vérités générales et ses vérités relatives.

L'illusion, c'est le bonheur, a dit je ne sais quel illustre écrivain.— Ainsi, tout ce qui console, enchante et régénère l'humanité, ramène les vibrations paisibles de tous nos systèmes organiques, asseoit et ranime leurs fonctions dans les bornes prescrites par les lois de la physiologie.

Quel est l'homme qui ne se sent frappé d'admiration, et qui n'oublie pour de longs intervalles et ses peines morales et ses douleurs physiques, à la voix d'un élégant orateur et au récit d'un discours prononcé du haut de la tribune législative? Quel est le public qui n'éprouve les mêmes sentiments, lorsque les voûtes du temple de Thémis retentissent aux accents graves d'un plaidoyer développé, dans une cause célèbre, par la verve chaleureuse d'un brillant défenseur? Est-il un cœur qui ne projette avec un accroissement de force et de vitesse, jusqu'aux ramifications excentriques du cercle circulatoire, le fluide sanguin ou la précieuse chair coulante de la vie, lorsque la parole mâle et bien articulée d'une de nos sommités théâtrales vient nous pénétrer, jusqu'à l'ame, d'une action tragique tracée par l'essence et le génie d'un des quatre maîtres de la scène française : Molière, Corneille, Voltaire ou Racine, — et

qui nous rappelle le modèle et le type fougueux
de l'Espagnol, ou le caractère indomptable de quelque sénateur de l'antique Rome? Est-il, dis-je,
des douleurs physiques ou des tortures morales qui
n'aspirent un sédatif direct dans la dissection poé-
tique et merveilleusement cadencée des créations
sublimes de *Cinna*, du *Cid*, d'*Alceste*, de *Phèdre*
ou d'*Athalie?* — Toutes les fois que l'atonie musculaire n'aura pas entièrement annihilé les forces de
progression, et que d'une autre part les conve-
nances sociales ne viendront pas jeter sur vos pas
un rempart d'opposition, vous obtiendrez souvent,
par le mouvement imprimé de ces déclamations
élevées, des sensations nouvelles qui, en établis-
sant un contre-poids au fardeau des vicissitudes,
allégeront vos souffrances en émoussant les traits
acérés qui aiguillonnent votre ame, et dont le souvenir pèse encore sur votre cœur.

Si des Français vous passez au grand orchestre
de l'Opéra, tous vos sens seront absorbés par de
nouvelles contemplations magiques. Comme la poésie
et les mouvements oratoires, la musique a, d'une
manière plus marquée encore, l'avantage d'exercer
une heureuse révolution sur l'encéphale, et, par
l'ébranlement qu'elle communique aux organes in-
térieurs, ranime le mouvement vital lorsqu'il languit, ou dissipe les spasmes qui règnent dans différents points de l'organisme, agissant alors comme

un puissant sédatif sur les centres nerveux et leur dépendance. *Platon* et *Aristote* prétendaient que la musique avait une grande influence sur les mœurs, les passions et la politique des peuples. *Pythagore* employait la musique pour la guérison de certaines maladies. *Galien* la recommandait pour faire dormir les enfants, et les calmer quand ils ont des convulsions; il nous dit aussi qu'elle était employée de son temps contre la morsure de l'araignée de la Pouille. Je n'ai point la prétention d'attribuer aux vibrations de l'atmosphère ou aux effets de la musique une part trop active sur l'économie animale; mais j'ai des raisons plausibles pour croire que son action modifie l'innervation dans beaucoup de circonstances.

Je dois ici à mes lecteurs une critique amère contre l'usage barbare que conservent encore aujourd'hui les classes ignorantes d'un pays qui, sous les rapports topographiques, paraît favorisé des dieux; où apparaissent plusieurs fois dans l'année les gemmes d'une brillante végétation, et où enfin, légèrement poussées par la fraîcheur de la brise océanique, les tiges du caméléon graminé balancent leurs épis marquetés de mille paillettes éblouissantes.

Depuis 1823 jusqu'au mois de septembre 1828, j'ai fait partie de l'armée française d'occupation dans le beau pays de la Basse-Andalousie, et, durant ce séjour, j'ai observé plus de soixante malades, tous indigènes, atteints de tarantisme. C'est principalement aux environs de Chiclana, à quatre lieues de Cadix, que les insectes livrent leurs plus rudes atteintes aux moissonneurs; et, bien que les suites de cette maladie n'aient en général produit aucun funeste résultat, il n'en est pas moins vrai que les premiers symptômes observés méritent une description plus détaillée que n'en donne l'article du *Dictionnaire des Sciences Médicales*, en 22 volumes, où il n'en est fait aucune mention; car le seul paragraphe, en dix-neuf lignes, consacré à cet effet (*V.* vol. 20, page 256), ne contient que des *on-dit*, et son analyse se réduit à l'innocuité de la morsure ou du prétendu venin de la tarentule. La maladie, selon l'auteur, est donc imaginaire, ou du moins très problématique : —eh bien! comme on va le voir, cela n'est pas exact.

Les plaines fertiles de l'Andalousie, comme celles de la Manche et de l'Estramadure, sont pour la plupart dépourvues d'habitations et éloignées des villes et des bourgades. Les moissonneurs y passent toute la journée, mais avec cette religion qui caractérise leur nationalité. *La ciesta* (méridienne) est une condition indispensable à leur bien-être : elle dure depuis midi jusqu'à trois heures. Après leur repas, qui consiste dans une soupe froide qu'ils appellent *gaspachou* *, composée d'eau, de pain, de

---

* Il faudrait écrire *gaspachu.*

concombres, de piments, d'ail cru, d'huile et d'un peu de vinaigre; les nombreuses gerbes reçoivent ensuite ces corps hâlés par les brûlants rayons du soleil, et bientôt la fatigue, et quelques doses de vin où l'alcool abonde, les invitent au sommeil. Alors les tarentules, enhardies par le silence et fortifiées par une chaleur excessive, ne tardent pas à sortir de leur retraite; poussées par leur instinct, avides peut-être du bien d'autrui, elles ont bientôt atteint leurs victimes. Ordinairement la morsure est assez vive pour éveiller en sursaut ceux sur qui elles exercent leur voracité; et la douleur subite, augmentée sans doute par les craintes d'un fâcheux résultat, paraît être la principale cause des plaintes et des cris aigus auxquels s'abandonnent les malades.

Toutefois, il leur est impossible ou du moins très difficile d'exercer la locomotion, et il devient souvent nécessaire de les transporter chez eux. L'instrument national (la guitare) ouvre la marche du cortége, et aussitôt l'arrivée du malade, tous ses parents, voisins et amis sont invités à se rendre près de lui: le médecin est rarement appelé. Mais la bizarrerie de la cérémonie, fruit d'un pré-jugé vulgaire, fit naître ma curiosité, et voici les observations que j'ai pu recueillir:

La morsure de l'araignée de la Pouille est pres-que toujours apparente; je ne puis mieux la dépeindre qu'en la comparant à celle laissée sur la peau par une grosse et indiscrète puce. Une auréole d'une couleur plus ou moins rosée, offrant une circonférence de deux à trois pouces, accompagne ce point central qui domine par sa couleur violacée ; les malades y accusent de la douleur, quelquefois seulement un prurit incommode ; il n'y a point ou presque point de gonflement local. Les symptômes généraux sont plus tranchés et offrent quelques gravités : — d'abord chaleur, sensiblement augmentée, sur toute la périphérie ; concentration et accélération du pouls (120 à 140 pulsations par minute) ; tension des parois abdominales, imitant assez bien une tympanite. Presque toujours ischurie complète ; toujours urines rares, et grande difficulté pour leur émission pendant les premières 24 heures. Cet état est dû à un spasme de la vessie plutôt qu'à l'accumulation d'un liquide, ce qui s'explique par la diaphorèse abondante qui couvre tout le corps du malade, sécrétion provoquée par les tiraillements continuels qu'on exerce sur lui, et par l'incessante activité que des complaisants ou des hommes payés le forcent à prendre. Ajoutez à ces causes la température de la saison, qui n'est jamais au-dessous de 30 degrés R. à cette époque de l'année. On observe aussi chez ces patients quelques mouvements convulsifs des extrémités ; la langue est sèche, la respiration haletante ; les yeux sont

12

brillants et égarés; la face crispée annonce l'anxiété;
la myotilité est presque impossible; et si on fait
trève un instant à la mutilation exercée par de
nombreux *bourreaux*, si on cède enfin aux désirs
incessants et aux bien légitimes prières du malade,
il est couché sur une natte de jonc ou un mauvais
matelas; mais le moment qu'on lui accorde est
bien court, et s'il est prolongé, il y a toujours
insomnie, quelquefois délire.

Tous ces symptômes persistent pour l'ordinaire
pendant douze, quinze ou dix-huit heures; je les
ai vus se prolonger davantage; ils diminuent ensuite par degré, et disparaissent entièrement du
deuxième au troisième jour : mais la plupart des
tarentulés ne peuvent reprendre leurs travaux qu'au
sixième ou au septième.

La musique et la danse sont les seuls remèdes
que l'on oppose au tarentisme, dans cette partie
méridionale de la Péninsule Ibérique. Il est des
gens d'une basse condition qui gagnent leur vie à
pincer trois ou quatre cordes criardes, pour forcer
les malades, soutenus par des hommes de corvée,
à suivre la cadence d'un instrument dissonnant. Sans
doute, cet usage est blâmable, et je l'exposerai
dans tous ses détails dans un travail que je me
propose de terminer, et dans lequel je rapporterai
quelques observations d'inoculation faites sur plusieurs animaux, et même sur l'homme, à l'aide

du virus de la tarentule, que j'ai constamment pu recueillir sur ces insectes. Je dirai seulement ici que, dans l'été de 1827, j'ai vu mourir un enfant de douze ans, et une femme de trente-six, que l'on avait mutilés, comme je l'ai dit plus haut.

L'application de la musique, comme moyen révulsif et sédatif dans certaines affections organiques occasionnées par les peines de l'ame, peut être très utile. Je suis cependant bien loin de vouloir en généraliser l'emploi; il faut même se tenir en garde contre mille préoccupations émanées de la crédulité antique. Je suis bien loin aussi d'adopter les principes de *Desault*, médecin de Bordeaux, et de croire surtout aux succès qu'il en a obtenus contre l'action du virus rabique; mais il est suffisamment prouvé aujourd'hui qu'une douce mélodie peut avantageusement émouvoir le cœur, et exercer une heureuse influence sur le système nerveux.

Quoi qu'il en soit, il est véritablement des animaux qui ont une prédilection marquée pour certains sons; et sans exagérer ici les idées de quelques auteurs, si nous avons, d'une part, signalé les bizarreries et les erreurs d'une imagination frappée ou arrêtée d'avance, nous devons consciencieusement en considérer ce qui nous paraît un principe de vérité.

La musique offre assez souvent des modulations heureuses. On a vu quelquefois des cœurs bondir de plaisir aux accords vibrants d'une symphonie héroïque, d'un quatuor, d'une pastorale. J'ai vu des faits merveilleux qui justifient presque les fictions des anciens poètes sur la puissance attribuée à la musique : —Les *Grecs* et les *Hébreux* lui accordaient un grand pouvoir, et assuraient que ses ondulations pouvaient agréablement captiver les idées d'un malade;—*Esculape* traitait quelques maladies par des chansons molles et voluptueuses; — la fureur maniaque de Saül s'apaisait par les accords de la harpe de *David;* — les pierres s'animèrent, nous dit-on, aux accents de la lyre d'*Amphion*. Il faut vraiment qu'elles aient perdu leurs organes depuis que l'homme a perdu son innocence primitive, car dans le siècle prosaïque où la musique a fait d'immenses progrès, les montagnes et les minéraux demeurent totalement impassibles. Les animaux, du moins, donnent encore des signes d'intelligence et de sensibilité :

Un jeune artiste raconte que, pendant l'été de 1829, il assistait une fois par semaine à des réunions d'amateurs, chez un professeur de violon; à chaque séance, une énorme araignée, descendue des greniers au 2.e étage, venait s'installer au plafond, justement au-dessus des pupîtres, et y restait immobile plus d'une demi-heure; puis, soit qu'elle fût rassasiée de musique, soit que des affaires de famille réclamassent sa présence ailleurs,

elle regagnait son domicile. A force de l'observer,
on avait cru deviner ses goûts et ses prédilections.
Les *adagio* lui étaient particulièrement agréables ;
elle demeurait plongée dans la rêverie, surtout
lorsqu'on exécutait ceux de Haydn, qui ont un
caractère de douceur et de gravité. Elle goûtait
peu les menuets et paraissait craindre les *allegro*.
La brusquerie de l'*Humour* de Beethoven impor-
tunait cet insecte nerveux, qui se tenait à l'é-
cart lorsqu'on abordait ce compositeur fougueux ;
alors on le voyait souvent changer de place, sans
doute afin de surmonter des impressions pénibles.

A l'époque où je cherchais à suivre, ou du moins
à préciser le mode d'action du virus de l'araignée de la Pouille, j'en avais réuni près de deux
cents que je tenais renfermées dans quatre grandes
cloches de verre, et où je pouvais facilement étudier, à travers les parois, leurs mœurs, leurs habitudes, leur manière de vivre, enfin leur genre
de sociabilité. Mes hôtes ne tardèrent pas à se livrer au travail ; et, dès le troisième jour de leur
captivité, de nombreux filaments artistement tendus
en plusieurs directions plus ou moins obliques tra-
versaient le vide des vases, et venaient solidement
se fixer à leur parois au moyen d'un liquide transparent et visqueux, fourni par les insectes : bientôt
une toile couleur cendrée fut le résultat de leur
labeur, et plusieurs étages de forme triangulaire

et d'autres en entonnoir complétaient leur nouvelle habitation.

Toute la compagnie ne parut pas avec la même activité prendre part à la construction de l'édifice; plusieurs membres restaient oisifs et paraissaient plongés dans une inaction contemplative. Je crus d'abord devoir en attribuer la cause au défaut des matériaux nécessaires, ou peut-être à un état maladif; je ne pouvais accuser leur passiveté d'indifférence, ni l'attribuer aux prérogatives d'un pouvoir aristocratique. En effet, des êtres placés aussi bas dans l'échelle ne peuvent se régir que par l'égalité et les lois invariables de la Nature. Toutefois, je ne tardai pas à être convaincu que le sable que j'avais introduit sous les cloches n'était plus qu'un vaste champ de bataille où respiraient à peine les vaincus; il était même facile de distinguer les morts et les blessés. Mon maître de musique confirma ma pensée, en m'assurant que les tarentules se livraient souvent des combats meurtriers, mais que si je voulais calmer leur fureur et faire cesser leurs hostilités, je n'avais qu'à pincer de la guitare. Je ris aux éclats de la naïveté de cette proposition et de la crédulité Andalouse; mais, en ménétrier adroit, il mit toute ma colonie prisonnière en branle, et parvint à changer son mouvement, à le rétablir, et même à amener à volonté un repos parfait, en baissant et en ralentissant les sons de son instrument. Ce que je dis ici paraîtra sans doute à quelques esprits un peu sévères un récit paradoxal ; mais je le donne comme un fait bien observé, et dont je garantis l'exactitude *.

Dans l'été de 1825, j'ai eu en ma possession un gros caméléon, remarquable surtout par la rapidité avec laquelle il reproduisait les couleurs sur lesquelles on le plaçait : quelques secondes suffisaient pour que la plus légère nuance se fît apercevoir à la surface du reptile ; les couleurs vives y apparaissaient avec tout leur brillant, et d'une manière spontanée. Eh bien ! cet animal ordinairement si indolent, si difficile à émouvoir, s'était tellement identifié avec l'air d'un mouvement modéré d'un *andante*, qu'exécutait tous les jours, avec sa clarinette, un musicien espagnol qui demeurait en face de ma chambre, qu'il lui suffisait de jouer l'air favori, pour que le reptile sortît du vase où je l'avais logé, et qui était à demeure sur ma croisée. Si le charme harmonieux de la musique se prolongeait quelques ins-

* La plupart de MM. les officiers du 14.ᵉ chasseurs à cheval, aujourd'hui 9.ᵉ de la même arme, où je servais alors, ont été témoins oculaires du travail admirable de ces insectes, et de quelques expériences que j'ai réitérées sous leurs yeux. Ces faits pourront-ils fournir quelques utiles réflexions à l'observateur de la Nature, et à l'amateur de la musique?.. J'abandonne le tout à leur méditation. — Pour moi, je crois devoir continuer encore quelques remarques assez importantes.

tants, il éprouvait des tressaillements presque convulsifs, sa tête était constamment tournée du côté
où les ondulations mélodieuses paraissaient être plus
groupées; son corps doublait de volume, et offrait
au toucher la sensation que donne un corps érec-
tile parvenu à son plus haut degré de turgescence
physiologique. J'ai souvent remarqué, pendant ce
phénomène, qu'il s'opérait par les porosités de cet
animal rampant une transsudation assez abondante
d'un liquide transparent et à demi-visqueux. L'*andante* fini, toute impulsion cessait, et le reptile reprenait bientôt ses dimensions ordinaires; il re-
tournait alors dans son asile avec la nonchalance
qui caractérise son espèce, et pour hâter sa marche
il suffisait de jouer un autre air que le précédent.

En nous élevant dans l'échelle des êtres, en parcourant au hasard quelques-uns de ses degrés, nous
remarquons que le cheval, ce noble compagnon de
l'homme dans les combats, se dresse et tressaille
de joie au bruit d'une fanfare guerrière, et contribue ainsi par sa nouvelle ardeur au succès d'une
bataille. Personne n'ignore les effets produits par
la musique sur quelques bipèdes ailés; le serin des
Canaries, par exemple; le chardonneret et le ver-
dier, etc., de nos nos contrées. Lorsqu'on leur siffle
certains airs, ou qu'on leur fait entendre la seri-
nette; ces petits oiseaux, avec la pureté de leur

innocence, suspendent la vivacité de leurs mouvements pour mieux comprendre; ils écoutent, ils
expriment leur joie par les battements de leurs
ailes, cherchent à imiter par leur gazouillement les
sons qu'on leur répète, et parviennent souvent à
une justesse d'intonation qui nous étonne. — Mais
cessons de discourir sur les phénomènes appréciables
que viennent de nous offrir ces différentes espèces
animales; je craindrais, en continuant, de fatiguer
mes lecteurs; que sais-je? d'ouvrir peut-être un
vaste champ à une critique amère. Je ne redoute
pas la censure, car ses corrections sont souvent
utiles; mais je crains le blâme, c'est bien plus
dangereux, et d'ailleurs je ne veux pas déserter
ma croyance pour la zoolatrie. Examinons-donc,
avant de terminer, les effets de la musique sur
l'homme.

La musique, cette science de l'accord des sons,
comme les chants nationaux, allume le courage,
modifie en sens divers la sensibilité de l'organisme
en calmant les passions pénibles lorsque le système
nerveux se trouve surexcité; ou, d'autre part, en
réveillant cette action vitale, lorsqu'une influence
contraire la jette dans la stupeur ou la réduit à
néant.

Ainsi, si la musique est vive et bruyante, nos
yeux deviennent brillants, expriment le feu du
plaisir; le cuir chevelu est le siége d'horripilations;

la face se colore, le cœur augmente d'activité, le
pouls s'élève, devient fort et régulier, souvent plus
fréquent ; la respiration s'accélère, et la chaleur générale croît en raison de l'énergie des autres fonctions.
Les mâles accents de la musique militaire enivrent
nos soldats ; on les a toujours vus électrisés par
elle et animés des sentiments les plus généreux,
se précipiter sur l'ennemi, lorsque le bronze en-
flammé des batailles vomissait la mort dans leurs
rangs. Le génie extraordinaire du plus grand des
héros, la fortune long-temps merveilleuse du plus
grand homme des temps modernes, celui qui savait si bien commander et guider ses phalanges,
connaissait bien cet excitant du cerveau, ce stimulant du cœur et de l'ame. Dans une de ses
belles journées, le 7 septembre 1812, il traver-
sait ses nombreuses colonnes non loin de Mojaisk ;
la terre était déjà couverte de quinze mille braves,
leur sang coulait à grands flots sur le sol historique de la Moscova, lorsqu'il entendit la musique
d'un régiment exécuter un morceau mélancolique
(*Où peut-on être mieux, etc.*) Il ne put un instant
retenir sa colère, il envoya la musique au diable,
et aussitôt il ordonna aux tambours de battre la
charge, et aux instrumentistes des autres corps
l'air redoublé de *On va leur percer le flanc.* Les bataillons entrèrent en action, leur mouvement fut
rapide et impétueux, et leur succès fut couronné

par la prise de plusieurs redoutes hérissées de cent
bouches à feu. Ce chef intrépide savait ainsi im-
proviser dans les moments les plus difficiles, diriger des masses imposantes, faire exécuter les évo-
lutions les plus hardies, communiquer à ses soldats
l'amour de la gloire et le mépris de la mort, et
faisait des hommes les plus timides des êtres sur-
naturels, capables de faits sublimes, auxquels ne
se seraient jamais élevés des hommes de sang-froid.

La musique *dramatique* produit souvent de fortes
révulsions à la douleur ; plusieurs personnes atteintes de céphalalgies opiniâtres et d'odontalgies nerveuses ont senti, à l'Opéra, leurs maux se dissiper
comme par enchantement. Une foule avide d'émotions se groupe toujours à l'Académie Royale de
musique, où les chefs-d'œuvre de l'art sont admirablement exécutés, et où la variété des sons est si bien
nuancée et si bien ménagée, que l'on se croit
transporté dans une soirée, à travers un dédale de
jouissances, et où chacun éprouve des sensations
diverses et souvent tumultueuses.

Nous n'en finirions pas si nous voulions suivre
pas à pas les effets surprenants de la musique comme
pouvoir modificateur de l'économie animale. De
tout temps les peuples ont reconnu sa puissance,
sa vérité ; et, dans le langage figuré, on emploie
souvent cette formule si expressive : *La musique
m'électrise.* Comme aujourd'hui, dans les temps les

plus reculés on faisait usage de la musique dans toutes les grandes cérémonies, et l'histoire nous rapporte que les vierges de Sion suspendirent, en signe de deuil, leurs cithares aux saules du fleuve de Babylone. C'est encore par une douce et agréable mélodie qu'on cherche à inspirer les sentiments religieux sous les dômes sacrés de ces cathédrales gothiques, où les sons de l'orgue, véritable instrument de la prière, viennent mêler leur harmonie aux chants des fidèles qui y répètent les louanges du Seigneur. Enfin, dans toutes nos fêtes publiques, les instruments en font le principal ornement, et les nuits que nous passons dans les bals seraient accompagnées d'une grande lassitude, si la musique ne présidait à nos danses.

J'ai déjà rapporté l'histoire d'une jeune dame sur laquelle les effets de la musique avaient exercé la plus heureuse influence. M. le professeur *Rostant* a cité, dans son *Traité d'Hygiène*, un exemple non moins intéressant. Il avait ordonné à une de ses malades d'aller prendre des bains à une certaine distance de sa demeure, d'y aller à pied et de revenir de la même manière; elle était si faible que ce retour lui était presque impossible. Un jour, sortant du bain au moment où un régiment précédé de la musique militaire passait, elle le suivit, et put se rendre sans peine dans son hôtel. Attribuant, avec raison, le réveil de ses forces à l'effet

de la musique, elle répéta l'expérience à l'heure
où le régiment avait coutume de passer, et elle
s'en trouva très bien. — J'ai connu un officier de
cavalerie, atteint d'une fièvre intermittente tierce;
il avait déjà pris six grammes de sulfate de quinine dans l'intervalle de huit accès; il fut forcé
de cesser l'usage de ce sel, parce qu'il lui causait
des douleurs et des tiraillements à l'épigastre. Je
le vis le jour où il attendait le neuvième accès,
vers midi. Cet officier aimait passionnément la musique, et il s'était rendu dans la matinée chez un
de ses amis pour assister à un concert. Absorbé
par les plus vives sensations que lui inspirèrent
plusieurs ouvertures et quelques romances très
bien accompagnées, l'heure passa sans que la fièvre
parût. — Enfin, *Quarrin* et d'autres auteurs recommandables ont écrit leurs propres observations,
et ils disent que la musique peut prévenir ou
diminuer les accès d'épilepsie. Il y en a qui en
ont retiré un avantage marqué dans certaines *gastrites chroniques*, accompagnées de *gastralgies*. *Pinel*
rapporte l'exemple d'une malade qui, pendant un
accès d'hystérie, avait été jetée dans un espèce de
ravissement et de volupté par un violon habile.
Pomme, médecin d'Arles, en rapporte un autre
cas compliqué de délire, où la malade fut calmée
également par un violon. M. le docteur *Therrin*, pendant qu'il était chirurgien-major de l'artillerie de l'ex-

garde, traita avec succès, par la mélodie, un officier affecté de *tétanos traumatique*. On a vu des ulcères *phagédéniques* faire horriblement souffrir les malades pendant les pansements, et dont les douleurs n'é-taient calmées que par la musique; M. d'Autriavi, médecin de Montpellier, rapportent plusieurs écri-vains, était dans ce cas.

Bien qu'il me soit facile de recueillir mille ob-servations diverses, si je voulais parcourir quelques auteurs anciens ou modernes, et qui ont fait men-tion de plusieurs cas qui prouvent l'influence de la musique dans certaines maladies, je crois devoir borner là mes citations. Certes, ce ne sont pas des arcanes, des pantagogues ni des panacées que je viens proposer dans ce faible Mémoire; mais je pense que dans la plupart des altérations organiques occasionnées par les peines de l'ame, lorsque celles-ci surtout ont été rebelles aux ressources de l'art, ces moyens pourraient être essayés sans inconvé-nient, et que l'on pourrait même, dans beaucoup de circonstances, en retirer des avantages si-gnalés.

Après toutes ces considérations, inspirées par la gravité des lésions organiques entretenues et développées par des affections morales; lorsque la thérapeutique révèle son insuffisance, que les moyens chirurgicaux restent impuissants, et que la médecine a épuisé en vain toutes ses ressources, évidemment il ne reste plus à l'homme de l'art qu'à parcourir le champ des consolations. Eh bien! le savant professeur Cruveilhier disait dans un discours d'ouverture : « Le médecin est le confident le plus intime des familles; devant lui tombent tous les voiles de la vie privée; c'est à lui qu'on révèle ces maux de l'ame, source si fréquente des maux du corps, et sur lesquels il doit savoir répandre un baume consolateur. »

C'est donc souvent par l'imagination qu'il faut faire voir à un malade toutes les choses d'ici-bas; c'est de son ame qu'il faut savoir faire partir les rayons qui doivent éclairer pour lui la Nature. Le moral exerce une grande influence sur le physique : aujourd'hui, c'est une chose reconnue et jugée, un axiôme devenu même vulgaire, et dont le précepte a jeté des racines dès la plus haute antiquité; car *Zamolxis*, médecin – philosophe grec, disait *qu'en soignant le corps on ne devait jamais oublier l'ame.*

Ces conditions rigoureuses imposent au médecin un examen attentif, nécessitent de sa part une philosophie bienveillante; et ce n'est qu'armé de ces flambeaux qu'il pourra déterminer les formes que la pensée de son malade peut revêtir, et qu'il pourra en même temps assigner et modifier l'infinie variété des moyens qui peuvent amener un progrès vers le bien, rappeler à leur type normal

les fonctions organiques affaiblies, exaltées ou perverties, réveiller dans l'ensemble de l'économie les
forces médicatrices de la Nature, et, qu'on me pardonne une expression forcée, faire naître en un
mot une heureuse métamorphose.

La médecine s'enrichit par l'observation, et la
thérapeutique devient alors plus certaine. Toutefois,
en rappelant ici les bienfaits que l'on a souvent
vus s'opérer chez un assez grand nombre de malades
en les éloignant du foyer qui leur retrace sans cesse
des souvenirs pénibles, et en rapportant l'histoire
bien succincte de l'heureuse influence de la musique,
comme puissance révulsive, je n'ai certainement
pas eu l'intention de faire un pas rétrograde, ou
d'émettre une opinion qui puisse un instant contrarier les progrès incontestables de la science. Certes,
je le sais, nos arsenaux pharmaceutiques renfer-
ment des remèdes héroïques ; nos formulaires attestent les découvertes nombreuses et les travaux
infatigables de nos maîtres. C'est donc par l'action
des médicaments soumis au contact ou à l'absorption des voies digestives, ou introduits dans l'é-
conomie par les voies endermiques, qu'il importe
d'éliminer d'un des points, ou de l'ensemble plus
ou moins étendu de nos tissus organiques, les altérations qui en perturbent d'une manière insolite
la structure et les mouvements fonctionnels : nous
appellerons cette manœuvre de l'excellente logique,

c'est-à-dire de la médecine rationnelle, toutes les fois surtout qu'une main exercée et qu'un esprit judicieux sauront administrer ces substances de manière à en préjuger les effets, et sauront choisir celles qui, selon les circonstances, ont une action élective sur un organe déterminé.

Mais, il faut l'avouer, il est un point d'arrêt où les difficultés deviennent inextricables, souvent impossibles à résoudre, et où la médecine heurte et se brise ; il est, dis-je, de ces affections déplorables, de ces tortures continuelles que l'on a vues trop souvent résister aux sédatifs les plus énergiques. Enfin, malgré les progrès incontestables de la science, malgré la richesse et le positivisme de l'anatomie pathologique de nos jours, il est encore des cas où l'organisation se trouve si cruellement modifiée, ses fonctions si manifestement troublées, que l'homme le plus instruit, que le médecin le plus clairvoyant, ne peut pas toujours en préciser les limites, ni en reconnaître la nature et le siége. Il est donc bien arrêté que dans ces affections morales qui ont jeté de profondes racines, dans les cas de désorganisation, par exemple, lorsque le praticien est forcé, vu l'impuissance des moyens pharmaceutiques, à se renfermer dans une médecine expectante, il ne faut pas, dis-je, abandonner les malades aux horribles douleurs et aux tourments de leur pressentiment ; il est mille autres moyens de s'emparer de l'esprit

13

de ces infortunés, mais que la sagesse et la sagacité du praticien trouvera beaucoup mieux que
nous ne saurions nous-même l'indiquer, car il nous
est impossible de jeter ici une investigation sévère
sur toutes les modifications individuelles et la nature
des causes premières.

Pour ne pas rappeler de tristes souvenirs, pour
ne pas parler de ces épidémies qui épouvantent
l'humanité, pour ne pas dessiner la faulx qui la
moissonna naguère à Paris, et sur presque tous les
points du globe ; n'avons-nous pas annuellement dans
nos contrées des maladies endémiques, des fièvres
intermittentes enfin, qui résistent quelquefois à l'action spécifique du sulfate de quinine, et à toutes les
préparations diverses de l'écorce du Pérou ? Un homme
qui répand sans cesse des rayons de clarté sur les
points les plus obscurs de la science, M. le professeur *Andral*, nous disait, dans une de ses brillantes leçons du mois de février 1837, qu'un malade, torturé pendant six mois par une fièvre intermittente, qui fut combattue sans succès par différentes
méthodes, et notamment par le quinquina sous
toutes les formes, et long-temps continué, avait
été guéri par une forte impression morale, par une
ruse habilement conçue. Il ajoutait, et tous les
praticiens partagent cette opinion, que la première
indication, dans toutes les maladies, consistait à
faire disparaître les causes productrices de l'état

pathologique. Cette pratique est souvent impossible pour les causes inconnues dans leurs principes, et qui développent la plupart des fièvres intermittentes, qui sont dues aux miasmes délétères qui se dégagent dans certaines localités, et dans certaines saisons de l'année, des eaux stagnantes des marais; pour celles, enfin, qui nous sont apportées sur les ailes des vents, et qui jettent le deuil dans presque toutes les familles, telles que le *choléra-morbus*, etc. Ici, évidemment, ces causes de nature inconnue, qui échappent à nos investigations et à tous nos moyens d'analyse, ne peuvent jamais être avantageusement attaquées, malgré nos travaux d'assainissement et nos puissantes fumigations désinfectantes. Aussi, dans le premier cas, conseille-t-on de soustraire les malades à l'action miasmatique qui cause souvent la mort; et de nombreux succès ainsi obtenus attestent qu'un changement de climat suffit presque toujours pour mettre les malades dans de meilleures conditions, et pour faire disparaître en peu de jours les symptômes tenaces d'un ennemi menaçant. Comme moyen préservatif, je crois que, dans le second cas, la prudence commande des mesures non moins sanitaires, et je connais bon nombre de personnes qui ont ainsi évité, je ne dirai pas la contagion, point de doctrine litigieux, et que l'art n'a pas encore résolu d'une manière satisfaisante, mais enfin l'influence délétère, ou, si l'on veut, morbifique.

Bon nombre d'autres altérations reconnaissent pour point de départ des prédispositions individuelles, idiosyncrasiques , et dont le développement peut être accéléré par une alimentation insuffisante et peu nutritive , par un séjour prolongé dans des lieux bas et humides , et où les rayons solaires ne pénètrent point. Toutes ces circonstances, dis-je , sont autant de causes évidentes qui donnent naissance à ces affections du système lymphatique, généralement connues sous le nom de strumes (écrouelles), et dont les individus paraissent étiolés faute d'air et de lumière , et qu'avec raison quelques auteurs ont comparées à des plantes qui languissent dans l'ombre , et privées d'une terre végétale. Pour triompher certainement de tous ces désordres , il n'est pas un praticien qui ne conseille à son malade l'habitation d'un lieu sec et élevé, et où l'air puisse se renouveler avec facilité , une température de quinze à vingt degrés, et, s'il est possible, sous un ciel sans nuage. Pour certaines maladies de la poitrine, la phthisie , par exemple , la plupart des médecins qui exercent dans les contrées septentrionales de la France , conseillent aux malades favorisés par la fortune , des voyages et le séjour de l'Italie, quelquefois le beau ciel de la Provence. Des guérisons assez fréquentes prouvent le bénéfice que l'on peut retirer d'une température douce et rarement exposée à l'ingrate influence des variations atmosphériques.

Pour apaiser les douleurs provoquées par les
peines de l'ame, même pour les voir quelquefois
disparaître', personne ne peut mettre en doute que,
dans beaucoup de circonstances, il suffit d'éloigner les malades des lieux qui rappellent des souvenirs qui brisent leurs sentiments. On voit ainsi
bien souvent une scène de désolation convertie en
bien-être. J'ai vu des guérisons obtenues, dans un
temps assez court, par cette seule précaution et de
simples moyens hygiéniques; on sait, en effet,
que certaines constitutions atmosphériques exercent
dans beaucoup de cas des influences heureuses, et
manifestent leur puissance en modifiant les symptômes pathologiques généraux, impriment à l'organisme une impulsion nouvelle, et des particularités qui en font presque des individualités physiologiques.

Par ces considérations bien rationnelles, et en
suivant l'esprit de cette phrase de *Baglivi*, qui dit
que l'expérience, en fait de thérapeutique, est la loi
suprême des praticiens, nous avons cru devoir insister sur les moyens que nous avons déjà repro-
duits pour combattre, dans l'espèce qui nous occupe, certaines affections organiques, bien convaincu
qu'il n'y a de véritable bonheur que dans la paix
de l'ame.

En appuyant par quelques observations le travail
que je termine ici, je laisse à chacun le soin de

le juger d'après la puissance de son raisonnement, et d'adopter telle ou telle théorie selon sa conviction. J'espère plus de mes honorables confrères, car je ne me dissimule pas qu'il y a eu témérité de ma part d'entreprendre d'exprimer ma pensée sur une question aussi délicate et bien au-dessus de mes forces. Aussi, en réclamant l'indulgence de mes lecteurs, j'abandonne à d'autres plus habiles que moi le soin de compléter et de corriger ce Mémoire.

FIN.

www.ingramcontent.com/pod-product-compliance
Lightning Source LLC
Chambersburg PA
CBHW071950110426
42744CB00030B/704